France-Algérie :
le double aveuglement

Du même auteur

Quatre Nuances de France, avec Rachid Arhab, Karim Bouhassoun et Nacer Safer, Salvator, 2016.

L'Énigme algérienne. Chroniques d'une ambassade à Alger, 2008-2012, 2017-2020, Éditions de l'Observatoire, 2022 ; Alpha, 2024.

Évian face à l'étranger. Les réactions internationales à l'indépendance algérienne vues par les représentations diplomatiques, sous la direction de Xavier Driencourt et Jean Mendelson, éditions du CTHS, 2022.

Politique migratoire. Que faire de l'accord franco-algérien de 1968 ?, Fondapol, 2023.

Xavier Driencourt

France-Algérie : le double aveuglement

Éditions de L'Observatoire

ISBN : 979-10-329-3671-9
Dépôt légal : 2025, mai

170 *bis*, boulevard du Montparnasse, 75014 Paris

Pour Boualem Sansal

Le 15 novembre 2024, dans la soirée, je dînai avec Boualem Sansal au Café Lapérouse, place de la Concorde. Boualem Sansal était très en forme, racontait de sa voix enrouée et presque inaudible des histoires personnelles, évoquait sa future vie en France où il cherchait une maison pour écrire et il évoquait les relations entre Boumédiène et Bouteflika durant la guerre d'indépendance. Je crus bon de rappeler à l'écrivain algérien qui rentrait le lendemain à Boumerdès[1] qu'il serait peut-être plus sage de ne pas repartir compte tenu des tensions de la relation franco-algérienne

1. Boumerdès, à quarante kilomètres environ à l'est d'Alger, aux portes de la Kabylie, était Rocher-Noir du temps de la France. À Rocher-Noir, le gouvernement algérien, présidé alors par Christian Fouchet, haut-commissaire après la signature des accords d'Évian, s'installa alors que l'OAS multipliait les attentats pour montrer son opposition à l'accord avec le Front de libération nationale (FLN).

après la volte-face française sur le Sahara occidental. Mais Boualem ne m'écouta pas et prit son vol le lendemain matin, 16 novembre, où il fut arrêté à son arrivée à l'aéroport Houari-Boumédiène. Boualem Sansal, écrivain franco-algérien, est donc emprisonné depuis le 16 novembre 2025.

La crise des relations franco-algériennes provoquée par la reconnaissance en juillet 2024 de la marocanité du Sahara occidental et illustrée notamment par cette arrestation est un révélateur.

Révélateur de la duplicité algérienne, révélateur de l'ambiguïté de la relation franco-algérienne, révélateur de la naïveté, de l'angélisme – pour ne pas dire de l'aveuglement ou du déni – de la politique française vis-à-vis d'Alger, révélateur enfin de la force de frappe occulte dont dispose, par ses réseaux, le pouvoir algérien en France. Révélatrice, cette énième crise pourrait également être le point de départ d'une nouvelle relation avec l'Algérie. Nous nous sommes joués de mots pendant soixante-trois années, surtout durant les sept dernières. Nous avons vanté de part et d'autre un imaginaire « partenariat d'exception », formule creuse qui inonde les communiqués officiels, eux-mêmes baptisés désormais « feuilles de route ». À cette rhétorique, le président algérien s'est cru obligé de répondre dans une interview fleuve, accordée le 3 février 2025 au journal *L'Opinion*, dans laquelle, manifestement sur la défensive, il esquive les questions, balaie les objections et se pose en grand démocrate ouvert au dialogue.

Ce partenariat n'a pourtant rien eu d'exceptionnel. Et si l'histoire l'est – car peu de pays auront partagé une telle proximité –, il est temps de refonder cette relation, de faire un « *reset* » ou un « *aggiornamento* » dans notre rapport avec l'Algérie. Celui-ci, d'exceptionnel, doit tendre à devenir normal, ce qui ne veut pas forcément dire « banal ».

L'arrestation de Boualem Sansal agit de fait comme un révélateur au sens photographique du terme. Elle a été le point de départ d'une tension et d'une crise violentes dans la relation franco-algérienne, crise d'une ampleur rarement égalée ; elle a également fait découvrir aux Français, souvent ignorants ou parfois idéalistes, comme sur une vieille photographie en noir et blanc, les multiples aspects de ces relations, avec leur dimension de politique intérieure comme de politique étrangère. En ce sens, mais en ce sens seulement, cette crise pourrait être bénéfique.

L'objet de cet essai est donc de décrire cette relation à nulle autre pareille, une relation qui a toujours connu des hauts et des bas, des périodes haussières et des périodes baissières, mais qui traverse aujourd'hui une crise sans égale.

1

France-Algérie, une relation dès l'origine complexe, devenue toxique

L'Algérie est devenue indépendante il y a environ soixante-trois ans, au terme d'une longue guerre de sept ans, guerre qui a mis fin à la IVe République et permis le retour du général de Gaulle au pouvoir.

Les accords d'Évian

Ce sont les accords d'Évian qui, en mars 1962, ont réglé les conditions de l'accession à l'indépendance de l'Algérie. Ces accords avaient d'ailleurs été précédés par plusieurs tentatives de discussion entre le pouvoir parisien et le FLN[1],

1. Front de libération nationale, mouvement politique créé en 1954 pour combattre le colonisateur et à l'origine des attentats

dont la moindre de ces rencontres ne fut pas ce qu'on appela « l'affaire Si Salah[1] ». À Melun ensuite, fin juin 1960, les négociateurs français et algériens avaient échoué, faute d'accord sur un préalable cessez-le feu. Ce furent, plus tard, les rencontres secrètes menées par Georges Pompidou, ancien directeur de cabinet du Général et futur Premier ministre, à Lucerne (février 1961) et à Neuchâtel (mars 1961), puis les négociations à Lugrin en Suisse (du 20 au 28 juillet 1961), enfin aux Rousses et à Évian où sont signés les accords le 18 mars 1962.

Les accords d'Évian, outre la fin de la guerre et les conditions d'un cessez-le-feu, établissaient le cadre de la relation future et de la coopération franco-algérienne pour l'avenir : des garanties fixées pour les Français et Européens d'Algérie dont on pensait qu'ils resteraient dans l'ancienne colonie devenue indépendante, une coopération économique et financière, une coopération

---

du 1er novembre 1954, rétrospectivement considérés comme le début de la guerre, et jour devenu une fête nationale en Algérie.

1. Rencontre nocturne à l'Élysée le 10 juin 1960 initiée par Bernard Tricot, collaborateur du général de Gaulle, entre ce dernier et le chef de la Wilaya IV. Si Salah, voyant que la lutte armée conduit à l'impasse, et peut-être exaspéré par l'échec de la « paix des braves », accepte une rencontre directe avec le président français. Cette rencontre sera un échec, mais elle est le prélude à la rencontre de Melun (25-29 juin 1960) et aboutira à l'élimination de Si Salah, désavoué par le FLN.

culturelle et technique[1], enfin, la relation dans le domaine militaire comme, par exemple, la possibilité pour la France d'effectuer des essais nucléaires en Algérie jusqu'en 1967[2]. Votés par 90 % des Français et 99 % des Algériens, ratifiés des deux côtés, ces accords auraient dû fournir le cadre d'une relation franco-algérienne rénovée, comme l'avait d'ailleurs évoqué dès septembre 1959 le général de Gaulle dans son discours sur l'autodétermination.

Mais un événement majeur va changer la donne dès 1962, événement qui marque cette longue et tragique histoire franco-algérienne.

Juillet 1962 : la prise du pouvoir par l'armée

C'était en effet sans compter avec le coup d'État de juillet 1962 en Algérie. Épisode mal connu ou carrément ignoré en France, épisode fondamental pourtant, qui voit dès le 5 juillet 1962, outre les massacres des Européens à Oran,

1. Les fameux « coopérants ».

2. On oublie souvent, alors qu'aujourd'hui le président algérien dénonce les essais nucléaires, que ces derniers ont eu lieu « avec l'accord du gouvernement provisoire algérien ». Le président Tebboune l'a rappelé à l'auteur de ces lignes dans un entretien le 19 juillet 2020.

les négociateurs algériens d'Évian balayés et chassés par les militaires de ce qu'on va appeler alors « l'Armée des frontières[1] ». En d'autres termes, les dirigeants algériens qui prennent le pouvoir durant l'été 1962, Ben Bella, Boumédiène et Bouteflika[2], ne sont pas ceux qui ont – de bonne foi – négocié les accords avec la France. Comment, dans ce contexte imprévu, dans ces conditions nouvelles, construire une relation saine entre l'ancienne puissance coloniale et le jeune pays indépendant, alors que ceux qui ont négocié l'avenir avec la France sont écartés du pouvoir ?

L'ambiguïté et le caractère « toxique » de la relation franco-algérienne sont déjà là, en germe.

1. Ses chefs militaires, tels Boumédiène, Bouteflika, stationnaient principalement au Maroc. Elle a été dénommée ainsi par opposition à l'armée de l'intérieur qui combattait la France sur le territoire algérien. En 1962, elle prend le pouvoir contre les négociateurs d'Évian, le GPRA, et l'armée de l'intérieur. Ben Bella, un des chefs historiques, qui s'était allié au « clan d'Oujda » du tandem Boumédiène-Bouteflika, devient Premier ministre, puis, en 1963, président de la République.

2. Boumédiène et Bouteflika, chefs de l'Armée des frontières installée au Maroc, forment ce qu'on appelle le « clan d'Oujda », car Boumédiène et Bouteflika étaient originaires de la région d'Oujda au Maroc.

Le « lâche soulagement » du général de Gaulle

Du côté français, il y a chez de Gaulle la volonté, après le drame qui a divisé les Français, de tourner la page, de construire une relation qui pourrait devenir exemplaire, avec sans doute aussi un objectif plus stratégique : faire en sorte que la nouvelle République algérienne, soutenue dès l'origine par les pays du camp soviétique, ne fasse pas trop rapidement le choix du camp socialiste. La France s'engagea ainsi à mettre à la disposition de l'État algérien les moyens nécessaires pour développer l'enseignement et la formation professionnelle en complément des moyens financiers. Comme le rapporte Alain Peyrefitte dans son livre *C'était de Gaulle*[1], le Général était conscient que l'Algérie vivait « dans la confusion », mais qu'il « fallait faire comme si elle allait s'en sortir ». « Nous devons faire comme si... et miser sur la réussite de l'Algérie », confie alors le président à son porte-parole. De fait, le général de Gaulle est à l'origine de ce que j'appelle notre « bienveillance spontanée », bienveillance qu'il enclenche

1. Alain Peyrefitte, *C'était de Gaulle*, Fayard, vol. I, 1994, vol. II, 1997, vol. III, 2000.

lui-même à l'égard d'Alger, et attitude qui sera la nôtre jusqu'à aujourd'hui. Cette « bienveillance spontanée » qui, chez certains hommes politiques français, s'apparente à de la complaisance, consiste dès 1962 à « fermer les yeux » sur ce qui se passe à Alger. Bienveillance spontanée, tolérance, complaisance, tels seront les axes de notre politique algérienne. Mieux, de Gaulle reconnaît auprès de Peyrefitte, en juillet 1962, qu'il y a avantage à ce que « Ben Bella s'impose en Algérie et que les élections algériennes permettent l'installation d'un pouvoir fort ». On ne pouvait mieux dire.

C'est donc un régime militaire qui s'impose en Algérie, régime doublé d'un système économique d'inspiration communiste qui estime ne plus rien devoir aux négociateurs d'Évian et ne pas avoir à respecter les engagements pris par ceux qui ont négocié côté algérien. C'est avec ce « système », toujours en place aujourd'hui, que la France va désormais traiter sans trop se poser de questions. On était finalement trop heureux à Paris de s'être enfin débarrassé du fardeau algérien. Le coup d'État militaire opéré par Boumédiène en 1965[1] – qui chassa du

1. En 1965, le colonel Boumédiène, ministre de la Défense (avec Bouteflika) renverse le président Ben Bella qui avait tendance à trop occuper l'espace politique.

pouvoir Ben Bella, président de la République, devenu trop indépendant aux yeux du colonel Boumédiène – établit un régime militaire à parti unique : le FLN. Il donne un élan nouveau à l'affirmation de l'identité révolutionnaire algérienne et de l'islam, avec sa langue, l'arabe. L'arabisation de l'enseignement commence, progressivement d'abord, puis de manière plus systématique en 1970. Arabophone, Boumédiène fait de l'arabisation une clé de sa politique, se tournant vers l'Égypte de Nasser pour amener les professeurs nécessaires. Avec ces professeurs arrivent les islamistes, ce qu'Alger ne comprendra que trop tard. Déjà Ben Bella avait, dans un discours, relevé que les accords d'Évian constituaient « un compromis sans doute incompatible avec les perspectives socialistes de l'Algérie »...

À Alger, désormais, un pouvoir réfractaire aux accords d'Évian

On ne comprend rien à la période qui commence alors si l'on ne retient pas que, dès 1962, le partenaire algérien de la France n'est pas celui que la France a choisi à Évian : c'est un régime de parti unique, avec le FLN à sa tête, régime dont l'armée est et restera la colonne vertébrale. Cette armée, l'Armée de libération nationale (ALN), estime avoir combattu pour l'indépendance, gagné seule la guerre contre la France et, dès le départ, et aujourd'hui encore, se considère comme le seul « propriétaire du pays » ; le peuple algérien n'est que le locataire et un simple usufruitier. Le propriétaire, dans cette vision de l'histoire, possède évidemment tous les droits. Comme le disent par dérision les Algériens eux-mêmes, « l'Algérie est le seul pays au monde qui ne possède pas une armée, mais où l'armée possède un pays »... Mais cela, dans sa « bienveillance », la France n'a pas voulu le voir.

Évidemment, la France n'a pas voulu intervenir dans les choix politiques internes de l'Algérie indépendante ; elle ne le voulait pas[1], trop heureuse d'avoir mis fin au conflit algérien ; elle ne le pouvait d'ailleurs pas, puisque le pouvoir était désormais transféré aux « nouvelles » autorités algériennes. Les confidences du général de Gaulle rapportées par Alain Peyrefitte[2] montrent clairement un chef de l'État soucieux d'en finir au plus vite pour passer enfin à autre chose.

1. Le comportement de l'armée française le 5 juillet 1962 à Oran, où d'épouvantables massacres de Français et d'Européens ont lieu, a été sévèrement critiqué par la suite.

2. *Op. cit.*

L'aveuglement français face au pouvoir militaire algérien

La relation qui s'instaure à partir de 1962 entre Paris et Alger est ainsi une relation fondée sur l'ambiguïté et nourrie de non-dits : d'un côté, une Algérie indépendante, confiée à un régime militaire qui pense ne rien devoir à l'ancien colonisateur, de l'autre une France un peu « honteuse » d'avoir fait la guerre, sept années durant, pour finalement perdre cette « perle de la couronne » coloniale qu'était l'Algérie et se voir obligée de rapatrier un million de pieds-noirs fuyant un pays qu'ils croyaient leur. Paris, au long des années suivantes, jouera le jeu de la coopération avec cette Algérie indépendante ; cependant, les règles du jeu ne seront pas celles qui ont été imaginées d'un commun accord à Évian.

Ce qui allait désormais marquer fortement la relation de l'Algérie par rapport à la France, c'est cette double caractéristique : l'Algérie est devenue pour les Français autant de la politique étrangère que de la politique intérieure. Depuis 1830, l'Algérie n'était que de la politique intérieure française. Ce fut évidemment vrai pendant la guerre entre 1954 et 1962. Depuis 1962, l'Algérie, désormais indépendante, n'aurait dû être traitée que sur le plan diplomatique ; elle continue pourtant à faire partie de notre politique intérieure nationale. La proximité géographique et l'histoire expliquent évidemment ce mélange. Mais c'est surtout aujourd'hui le regard que porte globalement la classe politique française sur l'Algérie qui fausse la donne, empoisonne notre relation bilatérale et lui apporte cette « toxicité ». Comment établir une relation diplomatique normale avec un pays qui hante notre histoire, qui nous a légué une partie de notre population, les harkis et les pieds-noirs, ces derniers ayant, après 1962, vécu dans la nostalgie d'un pays idéalisé ? Comment nouer une relation normale et apaisée avec un pays dont les dirigeants eux-mêmes se nourrissent de cette « rente mémorielle » décriée en octobre 2021 par le président de la République française, et qui, jusqu'à une date récente, étaient des « *moudjahids* », des combattants contre le colonisateur ? Toute cette toxicité se retrouve du côté algérien dans l'interview du président algérien au journal *L'Opinion*, le 3 février 2025, interview dans laquelle il rejette tous les torts sur la France, son président… et, curieusement, moi-même[1].

1. Le président Tebboune justifie en effet l'arrestation le 16 novembre de Boualem Sansal par le fait « qu'il avait dîné la veille chez l'ancien ambassadeur de France à Alger, Xavier Driencourt »…

On estime à environ dix pour cent la part de la population française qui entretient un lien avec l'Algérie : pieds-noirs, harkis et leurs descendants, anciens militaires français (et ils furent nombreux, 1,5 million entre 1954 et 1962), anciens coopérants, « pieds-rouges[1] », souvent nostalgiques d'une Algérie indépendante, un peu idéalisée, et aujourd'hui, Français d'origine algérienne, binationaux, Algériens mononationaux, tous issus de l'immigration. Nos dirigeants politiques doivent évidemment prendre en compte cette population – plurielle et hétérogène – qui entretient ce lien personnel, familial et charnel avec l'Algérie. Longtemps, les pieds-noirs ont voté « extrême droite », comme en 1965 pour Jean-Louis Tixier-Vignancour, puis pour Jean-Marie Le Pen. À l'autre bout de l'échiquier politique, Jean-Luc Mélenchon et son parti courtisent aujourd'hui les Algériens récemment installés en France, et recherchent les voix des Français ou Franco-Algériens de la troisième génération[2]. L'élection présidentielle

1. On appelle pieds-rouges les Français qui, après 1962, pour des raisons souvent idéologiques, sont partis construire l'Algérie nouvelle.

2. Le vote, le 22 janvier 2025, de la résolution en faveur de la libération de l'écrivain Boualem Sansal par tous les partis politiques à l'exception des députés LFI montre clairement ce choix politique assumé.

française de 2022 a montré l'influence du thème « algérien » dans nos débats politiques en raison des prises de position, d'un côté de Marine Le Pen et Éric Zemmour, de l'autre de Jean-Luc Mélenchon. Plus encore, aux élections européennes et législatives de 2024, c'est la question de l'accord franco-algérien du 27 décembre 1968[1], traité bilatéral qui abrogeait la libre circulation prévue à Évian mais, en contrepartie, accorde des avantages aux Algériens, qui est alors sur la table, tous les partis politiques de droite et du centre et les hommes politiques de cette mouvance[2] ayant repris les conclusions de ma note publiée par la Fondapol en mai 2023[3]. Mais tandis que dans les années soixante et soixante-dix c'étaient les pieds-noirs et les harkis qui faisaient l'objet d'attentions particulières des dirigeants politiques ou candidats aux élections, l'évolution démographique et sociologique du pays aboutit aujourd'hui à mettre en avant plutôt les « immigrés » algériens qui constituent une masse

1. Accord sur la circulation et l'installation des Algériens en France.

2. Édouard Philippe fut le premier en juin 2023 à demander la dénonciation de cet accord, Gabriel Attal à ce jour est le dernier à prendre position.

3. Xavier Driencourt, *Politique migratoire. Que faire de l'accord franco-algérien de 1968 ?*, Fondapol, mai 2023.

d'électeurs considérable. Le voyage à Alger des hommes politiques français a longtemps fait partie du circuit politique incontournable afin de mobiliser, là-bas, un électorat binational.

La place de l'Algérie dans la politique intérieure française

Sans remonter aux années soixante, deux exemples récents montrent la place que tient l'Algérie dans notre vie et nos débats politiques.

En juin 2023, les émeutes des banlieues, à la suite de la mort du jeune Nahel Merzouk, Français d'origine algérienne, ont souligné la place de ce phénomène. Le ministre algérien des Affaires étrangères se crut même permis de publier un communiqué officiel qui demandait à la France de prendre toutes les mesures pour protéger les Français d'origine algérienne. Exemple impardonnable d'une soudaine immixtion dans notre vie politique que le gouvernement algérien n'aurait, en sens inverse, jamais acceptée ou tolérée de la part de la France. Tout récemment, c'est la nouvelle crise franco-algérienne provoquée par le changement diplomatique français en juillet 2024 sur la reconnaissance par Paris de la « marocanité » du Sahara occidental qui illustre cette « consanguinité » politique : le rappel de l'ambassadeur d'Algérie en France, l'attribution du prix Goncourt à l'écrivain Kamel Daoud, puis l'arrestation de Boualem Sansal et enfin la guerre occulte livrée par les « influenceurs » algériens[1] en France soulignent, une fois encore, cette force que possède l'Algérie dans notre vie politique. Les réactions françaises face à ces influenceurs sont alors nombreuses, tant officielles que médiatiques : rien que dans la semaine du 13 janvier 2025, ce ne sont pas moins de quatre magazines[2] qui font de l'Algérie leur sujet de couverture. Et un quotidien d'orientation libérale et à vocation plutôt économique[3] consacre sa une et un dossier complet aux circuits financiers occultes de la grande mosquée de Paris. Sur les plateaux télévisés, comme dans les journaux, tous les politiques français ainsi que les commentateurs se penchent sur la question des rapports entre l'Algérie et la France. Dix jours plus tard, le même quotidien consacre trois pages à une longue interview sous forme d'autojustification du président Tebboune[4]. Les commentateurs des chaînes en continu, hier parfaits connaisseurs

1. « Tiktokeurs » selon la terminologie, comme également les réseaux de la grande mosquée de Paris.

2. *Le Point, L'Express, Marianne, Le Figaro Magazine.*

3. *L'Opinion.*

4. *L'Opinion* du 3 février 2025.

de la Covid-19 puis de l'Ukraine, deviennent soudain les spécialistes de l'Algérie et de l'accord du 27 décembre 1968. Cette dernière question devient centrale dans ce débat, chacun selon son orientation politique ayant un avis autorisé, en faveur de sa dénonciation ou, au contraire, partisan de son maintien. On semble alors découvrir avec étonnement ou effarement l'importance de la place qu'occupe l'Algérie dans nos débats politiques avec la cohorte de sujets qui lui sont liés : immigration, Schengen, islam, halal, laïcité, djihad, etc.

L'aveuglement des partis politiques français à l'égard d'Alger

En fait, au-delà de l'importance de ces Français liés à l'Algérie, c'est l'attitude des dirigeants politiques français qui, depuis 1962, pose problème. Attitude qui oscille entre honte, prudence, inhibition face à Alger. Pour tout dire, cette « bienveillance spontanée » dès qu'il s'agit de l'Algérie, est une bienveillance *a priori*, une sorte de complaisance adossée à une absence de lucidité, sauf chez quelques-uns. Les Algériens jouent évidemment de ces inhibitions et de cette prudence française. Ils en rajoutent, « ils nous tiennent », pourrait-on dire. À gauche, les hommes politiques[1] gardent en eux les souvenirs honteux de leur histoire commune avec l'Algérie : la guerre, les déclarations de François Mitterrand, ministre de l'Intérieur en 1954, puis celles du même Mitterrand, garde des Sceaux en 1956 dans le gouvernement Guy Mollet, la bataille d'Alger, la torture, les condamnés à mort des années 1954-1957, la guillotine. Plus tard, ce furent les ambiguïtés de la politique algérienne de François Mitterrand devenu président de la République : la naïveté française face au « juste prix » à payer pour le gaz algérien, la condamnation par le même François Mitterrand de l'arrêt du processus électoral en 1991 qui aurait amené les islamistes au pouvoir et le refus de livrer des armes au gouvernement militaire pendant la décennie noire... au nom des droits de l'homme. Ces souvenirs, comme je l'ai souvent dit, constituent autant de remords dont ces hommes politiques[2] veulent se débarrasser, et les empêchent de porter un regard lucide sur l'Algérie. Seuls, peut-être, dans cette catégorie, Julien Dray, en

1. Voir l'étrange déclaration de Ségolène Royal sur BFM le 11 janvier 2025 parlant de la « dette morale » française à l'égard de l'Algérie. Dominique de Villepin la rejoint sur ce point.

2. Ségolène Royal, encore, dans des déclarations en janvier 2025, excuse l'attitude de l'Algérie à cause des injustices commises par la France.

raison sans doute de ses attaches algériennes, et Hubert Védrine, en raison de sa grande expérience, portent un regard lucide et critique sur notre politique algérienne. Du côté de la droite, il y a également chez certains le souvenir un peu honteux des déclarations ambiguës de juin 1958 du général de Gaulle à Alger, les conditions de son retour au pouvoir, ainsi que la fin dramatique de l'Algérie française et les rapatriements dans des conditions épouvantables des pieds-noirs et des harkis en 1962. Et aujourd'hui, bien sûr, la question de l'immigration domine presqu'exclusivement ce débat avec l'Algérie et « pollue » inévitablement la relation. Dominique de Villepin, dans son changement de posture récent à propos de l'Algérie[1], se trouve en marge de cette catégorie.

En un mot, l'Algérie est devenue un sujet tabou, un dossier « piégeux » et un thème toxique de politique étrangère.

De ce fait, tous ceux et celles qui se sont succédé au pouvoir depuis de nombreuses années sont plus ou moins « obsédés » par la question algérienne : la gauche a très souvent fait preuve d'une grande naïveté, d'une complaisance

1. Dominique de Villepin prend clairement position pour un dialogue avec Alger et exclut une dénonciation de l'accord de 1968.

qui frise l'aveuglement. La droite, longtemps marquée par son électorat gaulliste ou pied-noir, est aujourd'hui complètement embarquée, pour ne pas dire aveuglée, par le débat migratoire. Mais tous ont été angéliques dans leur approche de la question algérienne.

Comment dans ces conditions établir une relation normale avec l'Algérie, pays qui ne s'embarrasse nullement de toutes ces considérations ? Mieux, ses gouvernants et son élite nous connaissent, sont informés par leurs multiples réseaux officiels ou officieux de nos hésitations, de nos scrupules, de nos tentations comme de nos remords. Ils savent parfaitement jouer de nos contradictions et frappent là où ils savent faire mal. Nous ne sommes pas dans un combat équilibré ou égal : les Algériens nous connaissent bien mieux que nous ne les connaissons. Peu d'hommes politiques français sont allés en Algérie, alors que tous ont une certaine familiarité avec le Maroc. Ils sont souvent influencés ou conseillés par des historiens qui, lorsqu'ils ne sont pas binationaux, sont souvent partisans d'une lecture « bienveillante » de l'histoire.

Donner un avis sur la politique de Donald Trump, parler de la guerre en Ukraine, du Pacifique Sud ou de la Chine, commenter les perspectives de paix au Proche-Orient, est presque simple, car les États-Unis, l'Ukraine, le Pacifique, la Chine et le Proche-Orient ont en commun de n'être que de la politique étrangère. On peut avoir un avis sur les orientations du président américain, on peut se prononcer sur le conflit ukrainien, comme sur la situation à Gaza. Ce sont des sujets de seule politique étrangère qui – à l'exception probablement du Proche-Orient – emportent relativement moins de conséquences sur la vie politique française. En revanche, parler de l'Algérie, donner un avis sur l'accord de 1968, évoquer la politique dite « mémorielle », c'est immédiatement entrer dans le champ de la politique nationale, c'est aborder les questions épineuses de mémoire, de visas, d'immigration, d'islam et de laïcité.

L'Algérie, c'est donc, en France, de la politique étrangère comme de la politique intérieure.

La France, objet de la politique intérieure algérienne

Du côté algérien on se heurte à la même contradiction, car la France (il suffit de regarder les titres de la presse algérienne) fait également partie de la politique intérieure. Ce régime qui vit de la rente mémorielle et ne cesse d'instrumentaliser l'histoire doit, pour survivre, alimenter sans cesse la détestation de l'ancien colonisateur. Il doit se nourrir de cette haine qu'il cultive en Algérie, mais aussi chez les Algériens de France ou les binationaux. La presse algérienne, depuis l'installation du président Tebboune en décembre 2019, et surtout depuis les multiples crises à répétition entre les deux pays, a été mise au pas et est payée pour alimenter cette détestation. À côté des traditionnels *El Moudjahid* et *L'Expression* depuis longtemps sans état d'âme et porte-parole du pouvoir, le journal *Liberté* a été fermé, *El Watan* a été contrôlé, *El Khabbar* domestiqué, et *TSA* retourné. Tous alimentent en permanence ce discours : la France y est décrite « comme menacée par l'extrême-droite », « les nostalgiques de la colonisation sont aux marches du pouvoir » et influencent le gouvernement ; les médias français sont naturellement qualifiés d'algérophobes et la majorité des Français dépeints comme spontanément islamophobes. Le moindre incident mettant en cause un Algérien, fût-il sous obligation de quitter le territoire français (OQTF), ou un musulman, est mis en scène ; la moindre personne d'origine algérienne qui connaît un retard dans l'attribution d'un titre de séjour est dépeint comme un martyr[1] ; les

1. Le 28 janvier, en raison de contrôles plus poussés à Orly et Roissy, la presse algérienne a critiqué la France pour son

préfectures et les fonctionnaires qui y travaillent sont vus comme des tortionnaires ne cherchant qu'à brimer les Algériens. En revanche, lorsque les articles de presse déjà cités ont mentionné les réseaux plus ou moins occultes de la grande mosquée de Paris, aucun journal algérien n'a repris l'information.

Or, la France croit, ou fait semblant de croire, par aveuglement, naïveté ou simple « bienveillance spontanée » que le régime algérien est une copie du système politique français en « un peu plus » autoritaire. Certes les institutions se ressemblent et comportent nombre de traits communs : un président élu pour cinq ans, deux chambres, un Conseil constitutionnel comme un Conseil d'État, un système judiciaire, administratif et budgétaire calqué sur le nôtre. Mais c'est oublier que le régime n'a que l'apparence d'une démocratie, est à peine une « démocrature », mais est réellement un régime policier, militaire, quasi dictatorial. On savait à Paris sous Bouteflika que

« algérophobie » et les discriminations à l'encontre des voyageurs algériens en France, et l'ambassadeur de France à Alger a été convoqué par le ministre algérien des Affaires étrangères pour des explications. Quelques jours plus tard, lorsque j'évoquai les possibles contrôles par la police aux frontières (PAF) à Roissy ou Orly, je fus violemment attaqué par la presse d'Alger…

les élections étaient truquées, que les chiffres de la participation électorale étaient systématiquement gonflés, que le vainqueur de l'élection devait sa victoire au soutien de l'armée, de même qu'on savait le rôle joué par les « candidats officiels ». On connaissait à l'avance les chiffres du résultat des urnes. Mais à Paris, poliment, on jouait le jeu, « on faisait comme si », selon la formule utilisée par de Gaulle, on se fendait d'un communiqué de l'Élysée félicitant le nouvel élu à El Mouradia[1] et formant les vœux pour une franche et amicale coopération entre les deux pays afin de parvenir au « partenariat d'exception » qui constitue le mantra de toute déclaration officielle concernant l'Algérie[2]. On jouait le jeu en sachant que, derrière cette démocratie un peu autoritaire, il y avait, Bouteflika régnant, des « espaces de liberté » : une presse parfois critique, des avis contraires, des lieux d'opposition. Ce n'est plus le cas aujourd'hui, et là est toute la différence entre un régime autoritaire, celui de Bouteflika, et un pouvoir militaire ou policier,

1. El Mouradia est le siège de la présidence de la République algérienne.

2. En 2009 pour Bouteflika, et en 2024 pour Tebboune, les présidents Sarkozy et Macron n'attendirent pas la publication des résultats officiels pour présenter leurs félicitations à la réélection de leur homologue algérien.

celui de Abdelmadjid Tebboune. Les espaces de liberté dans « l'Algérie nouvelle[1] » du président Tebboune ont disparu ; les opposants ou simplement ceux qui pensent et émettent un avis légèrement dissident sont arrêtés, excommuniés, jugés et emprisonnés. Le dissident qui pense utile d'émettre son opinion sur un des réseaux sociaux, Facebook, TikTok, X, est immédiatement appréhendé. Cela, on fait mine de ne pas le savoir à Paris, ou de ne pas le voir. Pendant vingt ans, nous avons rarement, au Quai d'Orsay ou à l'Élysée, condamné fermement telle ou telle dérive du régime. Nous n'avons jamais pris parti pour les journalistes arrêtés ou réfugiés en France, comme nous n'avons pas condamné le refoulement en avril 2024 à l'aéroport d'Alger d'un journaliste algérien[2]. Nous nous sommes contentés de périphrases par lesquelles nous affirmions « notre attachement à la liberté d'expression ». Comprenne qui pourra, mais là est le langage utilisé, des années durant, par Paris dans sa relation avec Alger. Le Hirak,

1. Terme officiel utilisé par A. Tebboune dans sa campagne électorale pour désigner l'Algérie « post Hirak ».

2. Farid Alilat, journaliste algérien, a été interdit d'entrée dans son propre pays et a dû reprendre le vol Alger-Paris. Le Quai d'Orsay est resté muet. Comment, dans ces conditions, s'étonner en janvier 2025 que « l'influenceur » Doualemn ait été lui aussi refoulé à l'aéroport d'Alger ?

cette longue série de manifestations populaires en 2019-2020 qui a entraîné la chute de Bouteflika et permis à l'Armée de porter Abdelmadjid Tebboune au pouvoir, nous a permis de nous abriter derrière la fameuse et fumeuse formule « ni ingérence, ni indifférence », utilisée pour qualifier nos relations avec le Québec. Comme si l'Algérie pouvait être comparée au Québec !

En réalité, pendant des années la France a fermé les yeux et a finalement été complice du pouvoir algérien. Les quelques incartades présidentielles comme celle du 30 septembre 2021 où le président Macron s'est véritablement lâché, furent rapidement corrigées[1]. De fait, la France, celle de Jacques Chirac, comme celle de ses successeurs, Sarkozy, Hollande et Emmanuel Macron, a fait preuve d'un double

1. Devant dix-huit jeunes Franco-Algériens, le président de la République s'est laissé aller, qualifiant le gouvernement d'Alger de « système politico-militaire » utilisant la « rente mémorielle » et « la falsification de l'histoire », ainsi qu'une « histoire officielle totalement réécrite qui ne s'appuie pas sur des vérités mais sur un discours qui, il faut le dire repose sur une haine de la France ». Parmi ses propos : « La nation algérienne post-1962 s'est construite sur une rente mémorielle », et plus loin : « La construction de l'Algérie comme nation est un phénomène à regarder. Est-ce qu'il y avait une nation algérienne avant la colonisation française ? » Cet entretien avec des jeunes était voué à rester secret, bien que l'Élysée eût convié un journaliste du *Monde*. Se rendant compte de l'énormité des vérités lâchées par le président, l'Élysée a ensuite tenté d'en empêcher la publication.

aveuglement : elle n'a pas voulu reconnaître la vraie nature du régime algérien, et elle a traité l'Algérie en fonction de considérations de politique intérieure et non de politique étrangère. C'est en ce sens que cette relation a été toxique. Alger s'est servi de la France, connaissant ses faiblesses, ses hésitations et ses contradictions. Le pouvoir algérien sait parfaitement jouer de nos difficultés et des différents courants qui traversent notre classe politique. Son réseau officiel des vingt consulats algériens en France, et ses réseaux officieux, occultes, diversifiés, quadrillant les différentes grandes villes de France, lui permettent de connaître et de mobiliser une communauté algérienne qu'il essaie ainsi de contrôler[1].

1. L'auteur de ces lignes a été menacé d'une manifestation organisée par le consulat d'Algérie à Rennes lors d'une conférence sur son livre *L'Énigme algérienne*.

2

Une brève histoire des relations France-Algérie

Dans cette relation France-Algérie, la France a toujours été structurellement en position de faiblesse, avec des nuances pendant la période 1962-1981.

1962-1981 : Paris ferme les yeux sur la vraie nature du pouvoir algérien

De Gaulle comme Pompidou étaient sans illusions sur la nature du pouvoir algérien, et le Général avait certainement à cœur de construire, après la guerre, une relation apaisée. On a fait « comme si »... L'affaire Ben Barka[1] provoqua

1. L'affaire Ben Barka, provoquée par l'enlèvement en 1965 à Paris de Mehdi Ben Barka, opposant marocain, entraîna une grave crise diplomatique entre Paris et Rabat, allant jusqu'à la rupture des relations diplomatiques entre les deux pays.

en outre une profonde et durable rupture avec le Maroc ; par conséquent, il nous fallait bien être présents au Maghreb, donc en Algérie. L'intérêt nouveau de la France, sous la présidence Pompidou, pour la construction européenne, et finalement, au début des années soixante-dix, la politique de nationalisation des hydrocarbures algériens, eurent raison de l'appui français à l'Algérie. En juin 1971, quatre mois après la nationalisation des ressources pétrolières, le président Pompidou prit acte du « retrait français » en Algérie. Durant cette période, aucun voyage officiel ou rencontre au sommet entre les chefs d'État ne put avoir lieu, les drames de 1954-1962 étant encore présents dans toutes les mémoires des acteurs de cette époque.

En 1975, son successeur se rend en visite officielle à Alger, visite d'ailleurs difficile, compte tenu des prises de position passées du député Giscard d'Estaing sur l'Algérie[1]. Cette période fut surtout marquée par le début des contentieux économiques et pétroliers, par les premières controverses sur l'immigration algérienne[2] et,

1. Lors de sa visite en avril 1975, le président Valéry Giscard d'Estaing déclara en arrivant à Alger que « la France historique venait rendre visite à l'Algérie nouvelle », phrase jugée quelque peu paternaliste.

2. Notamment le regroupement familial. En 1977, le gouvernement Barre suspendit pour trois ans l'application du décret du

du côté algérien, par le choix de plus en plus affirmé d'une politique étrangère tiers-mondiste et d'une politique économique socialiste.

La grande naïveté des socialistes français

François Mitterrand et son ministre des Affaires étrangères, Claude Cheysson, voulurent pour leur part clairement prendre le contre-pied de la politique giscardienne et réorienter la politique extérieure française vers le tiers-monde en s'appuyant sur les trois piliers qu'étaient alors l'Inde, le Mexique et l'Algérie. Le président français, quelques semaines après son élection, se rendit à Alger en voyage officiel. La nouvelle orientation de la politique française (doublée, déjà, d'une certaine naïveté ou d'un aveuglement réel) conduisit dès 1981 le président de la République à entreprendre une renégociation des prix du gaz algérien pour tenir compte d'un « juste » prix : c'est le premier ambassadeur à

29 avril 1976 qui autorisait le regroupement familial sous certaines conditions. Le regroupement familial fut ainsi stoppé, sauf pour « les membres de la famille qui ne demandent pas l'accès au marché de l'emploi ». Mais ce décret fut annulé par le Conseil d'État, qui consacra le droit au regroupement familial, le 8 décembre 1978, au nom du « droit de mener une vie familiale normale » (arrêt GISTI).

Alger, Jean-Marcel Jeanneney, ancien ministre du général de Gaulle, qui fut chargé de mener cette négociation. Mais, rapidement, les difficultés intérieures de l'Algérie, la montée de l'islamisme et, à partir de 1990, les violences contre les intérêts français ainsi que les attentats contre les ressortissants français[1] présents dans le pays, eurent raison des bonnes intentions initiales : la France, visée par les islamistes en Algérie comme sur son propre territoire, ferma alors ses portes, en refusant les livraisons d'armes à Alger et en accueillant sur son sol ceux qui fuyaient le régime et les islamistes. La prise d'otages d'un vol Airbus d'Air France en décembre 1994, qui aboutit à la suspension des liaisons aériennes entre Paris et Alger, puis la crise occasionnée par l'assassinat des moines de Tibhirine en 1996, marquèrent l'apogée de la tension entre les deux pays. Des milliers de Franco-Algériens fuirent le pays alors même que Paris accueillait des intellectuels et journalistes visés par les groupes armés islamistes. La suggestion par François Mitterrand, à la fin de son second mandat, d'organiser une conférence diplomatique sous l'égide de l'Union européenne pour

1. Assassinats de gendarmes, d'agents du consulat général à Alger, des Pères blancs de Tizi Ouzou, de l'évêque d'Oran, des moines de Tibhirine.

favoriser le dialogue entre les parties à la guerre civile algérienne provoqua une nouvelle crise politique : l'Algérie voyant dans cette offre une ingérence dans ses affaires internes, elle multiplia les critiques et attaques, par presse interposée, contre l'ancien ministre de l'Intérieur du 1er novembre 1954.

L'enthousiasme chiraquien à l'égard d'Alger

Avec Jacques Chirac, la relation franco-algérienne atteignit son acmé ; pour la première fois, un président algérien, Abdelaziz Bouteflika, effectua une visite d'État à Paris en 2000. La relation bilatérale fut durablement au beau fixe, au moins jusqu'en 2005, tant le couple Chirac-Bouteflika semblait fonctionner. Les deux hommes, qui avaient chacun fait la guerre, se respectaient. Jacques Chirac effectua ainsi trois voyages en Algérie tout en soignant par ailleurs ses relations au Maroc avec Hassan II, puis avec son fils Mohamed VI. On étudia rapidement à Paris comme à Alger un projet de « traité d'amitié » sur le modèle du traité de l'Élysée avec l'Allemagne en 1963, accord solennel destiné à sceller définitivement la réconciliation franco-algérienne[1]. La visite officielle du président Chirac à Alger en 2003 reste aujourd'hui encore un modèle du genre, où tous les problèmes devaient être réglés... Mais, comme le raconte Maurice Gourdault-Montagne, alors son conseiller diplomatique, le projet de traité buta sur les nombreuses exigences (déjà) d'Alger. Puis la maladie de Jacques Chirac à la fin de son second mandat, et surtout le vote en février 2005 de l'amendement Vanneste[2], eurent raison de cette volonté d'apaisement. Pourtant, la période Chirac-Bouteflika, au tout début des années deux mille, offrait sans aucun doute une occasion de normaliser, voire d'améliorer les liens entre Paris et Alger. La fin du quinquennat de Jacques Chirac marque sans doute un tournant dans la relation bilatérale.

C'est à cette époque que la relation entre Paris et Alger prit progressivement la tournure qu'on lui connaît aujourd'hui : le pouvoir algérien,

1. Voir notamment Maurice Gourdault-Montagne, *Les autres ne pensent pas comme nous*, Bouquins, 2022. L'auteur y explique de manière vivante et précise la relation entre Jacques Chirac et l'Algérie.

2. En février 2005, le député du Nord Christian Vanneste introduisit un article 4 à la loi du 23 février 2005, qui « reconnaissait le rôle positif de la présence française outre-mer, notamment en Afrique du Nord, et demandait aux programmes scolaires de reconnaître ce fait ». C'est à partir de cette date que la question mémorielle devint centrale dans notre relation avec l'Algérie.

exaspéré par les oppositions, en France, au projet de traité d'amitié, réussit à contraindre la France à « venir sur son terrain », c'est-à-dire à réduire sa relation aux dossiers de mémoire et de visas, les deux seuls qui intéressent finalement Alger. Et sur ces deux dossiers, la France est sur la défensive, en position de faiblesse, alors que l'Algérie impose sa vision des choses. Le dossier des visas, qu'Alger présente de manière faussement ingénue sous le titre de « dimension humaine des relations franco-algériennes » c'est, en clair, la question de l'immigration ; la mémoire, c'est celle de la repentance. Dans les deux cas, Paris est sur une ligne de crête, doit s'expliquer face à Alger, et doit également se justifier en politique intérieure. Dans les deux cas, Alger sort vainqueur.

À Paris, on utilisa dès lors chaque jour davantage le « langage mémoriel » ; on entra – c'était l'époque – dans un début de quasi-repentance, mais sans jamais vraiment franchir le pas des « excuses » officielles. C'est ce qu'Alger appellera plus tard le « goutte-à-goutte mémoriel », des petits pas, des phrases et des formules alambiquées pour expliquer l'histoire et l'excuser. Nicolas Sarkozy puis François Hollande poursuivirent dans cette voie, le premier dans un discours marquant à Constantine en décembre 2007[1], le second devant les parlementaires algériens en décembre 2012[2], essayant de renouer avec la politique traditionnelle de la gauche française. Mais, se trouvant ensuite face à un Bouteflika affaibli par la maladie, il ne put véritablement changer le cours des choses.

Mémoire et visas

Du côté algérien, à partir de cette date, on « fourbit alors les armes ». On a trouvé, enfin identifié, les deux sujets, visas et mémoire, qui posent problème au partenaire français. On martèle ces thèmes. Face à ces chefs d'État français qui avancent prudemment sur le chemin mémoriel, que leurs contraintes internes fragilisent et qui veulent dire les choses tout en ne les nommant pas pour tenir compte des pieds-noirs – et surtout de la montée du vote Rassemblement national lié à l'immigration –, Alger joue sur du velours. Le système algérien, nourri de la rente mémorielle, fait mine de se féliciter

1. Dans son discours de Constantine, le président Sarkozy condamna le « système colonial, injuste par nature, et qui ne pouvait être vécu que comme une entreprise d'asservissement et d'exploitation ».

2. Discours dans lequel François Hollande condamna un « système profondément brutal et injuste ».

des propos officiels de Nicolas Sarkozy, de François Hollande, puis du président Macron, tout en faisant savoir que tout cela est bien, mais insuffisant. Il demande chaque fois davantage, prétextant être poussé par les revendications des organisations officielles d'anciens combattants, comme l'Organisation nationale des moudjahidine ou l'Organisation des enfants de chouhada ; il put ainsi passer progressivement de la « reconnaissance » à la « repentance », puis, sans coup férir à la « criminalisation » de la colonisation[1]. C'est le secrétaire général du Parti, Abdelaziz Belkhadem, ancien Premier ministre, qui souligna alors la « nécessité pour la France officielle de s'excuser des pratiques de la France coloniale et la nécessité de promulguer une loi [algérienne] qui incrimine la colonisation et poursuive en justice les apologistes du colonialisme pour les exactions commises à l'encontre de l'Algérie et des Algériens[2] ». Il estimait également « que la France devait excuses et réparations pour les crimes barbares et génocidaires commis durant cent trente-deux ans par le colonialisme en Algérie ». De même, le dossier des visas fut sans cesse mis sur la table par le gouvernement d'Alger, au nom des « relations humaines », sans

1. Sujet aujourd'hui encore à l'ordre du jour à Alger.
2. Neuvième congrès du FLN.

que Paris ne prît de son côté l'initiative d'aborder clairement et franchement la question de l'exécution des OQTF par les consulats algériens et de la mauvaise volonté des autorités.

D'un côté, on y va franchement, de l'autre, on tourne autour du pot. J'ai été témoin d'échanges entre ministres des Affaires étrangères ou de l'Intérieur au cours desquels les négociateurs algériens ne s'embarrassaient pas de périphrases pour critiquer la diminution du nombre de visas délivrés, tandis que du côté français on avançait prudemment sans jamais mentionner la question des OQTF et en semblant s'excuser d'aborder cette question « fâcheuse ».

La sinuosité de la politique algérienne d'Emmanuel Macron

À partir de 2017, Emmanuel Macron, candidat à l'élection, puis président élu, premier chef de l'État à être né après la guerre d'Algérie, a l'objectif non seulement de parvenir à une normalisation de la situation, mais aussi de construire une relation stable, apaisée et durablement positive. Ses propos à Alger en février 2017 sur « la colonisation, crime contre l'humanité », alors qu'il n'était que candidat, lui valurent immédiatement la sympathie du côté algérien. Le premier déplacement qu'il effectua en décembre de la même année aurait dû de fait ouvrir de nouvelles perspectives s'il n'avait eu lui aussi en face un interlocuteur affaibli et un « système » algérien en bout de course, marqué par les rivalités entre les divers clans à la fin du quatrième mandat de Bouteflika, et dans les incertitudes liées à sa succession.

Dès lors, la relation fut marquée par trois aspects : le caractère presque exclusif des deux dossiers visas et mémoire, et la sinuosité de la politique française. Et, tout récemment, la question de la marocanité du Sahara occidental intervient en écho à la dégradation des relations Algérie-Maroc.

La décision prise par Paris en octobre 2021 de réduire de 50 % la délivrance des visas français aux Algériens, et plus généralement aux ressortissants des pays du Maghreb, constitua ainsi un thème nouveau dans la relation bilatérale, et cela précisément au moment où la question de l'immigration devenait un sujet permanent et sensible en France. L'offensive menée par plusieurs partis politiques contre l'accord franco-algérien de 1968 et le refus aujourd'hui du gouvernement de l'abroger en est une illustration.

Le dossier de la mémoire prit également une dimension forte, presque exclusive à partir de 2017 : après sa déclaration d'Alger, Emmanuel

Macron ne pouvait qu'accélérer sur ce dossier. Les décisions prises, comme la reconnaissance de l'assassinat de Maurice Audin, la réhabilitation d'Ali Boumendjel, le rapport confié à Benjamin Stora, la restitution de restes mortuaires à l'Algérie en 2020, l'installation d'un comité mixte d'historiens en 2022, les hommages, en 2023, rendus aux morts du 17 octobre 1961, la reconnaissance par la France le 1er novembre 2024 de l'assassinat de Larbi Ben M'hidi, en pleine crise franco-algérienne, furent autant d'initiatives inédites destinées à faire avancer le dossier mémoriel de manière irréversible. Mais, du côté algérien, aucune réaction positive : pas un geste, pas un remerciement évidemment ne vint. On prit note, et encore, un ministre expliqua que ce « goutte-à-goutte » ne pouvait satisfaire Alger. Ces initiatives passaient pour parfaitement normales aux yeux d'Alger, où on attendait toujours une avancée notable sur le chemin des excuses et de la repentance.

La sinuosité ou l'absence de continuité, l'alternance entre des critiques et des gestes positifs français, marquent également cette relation bilatérale : absence de choix clair pour soutenir ou non le Hirak, critiques publiques du « système » algérien comme aucun chef de l'État français ne l'avait fait[1], réduction annoncée du nombre de

1. Déclarations au journal *Le Monde* le 30 septembre 2021.

visas[1], toutes ces annonces furent immédiatement suivies de décisions contraires : annulation, après seulement deux mois, de la décision de réduction des visas, voyage présidentiel de trois jours à Alger et Oran durant l'été 2022 en dépit de rebuffades algériennes[2], embrassades avec le président Tebboune, et surtout absence de réactions françaises à la répression intervenue en Algérie depuis 2020 et total mutisme face aux ingérences algériennes dans la politique française[3]. Tout se passe comme si Paris avait choisi délibérément de ne jamais réagir aux provocations du régime militaire algérien : voyage annoncé, puis trois fois reporté, du président Tebboune à Paris, déclarations et insultes diverses par presse interposée, rappels successifs de l'ambassadeur d'Algérie, interdiction de l'enseignement en français faite aux écoles privées algériennes, réintroduction solennelle du couplet « anti-français » dans l'hymne national algérien, *Kassaman*, remplacement du français par l'anglais[4], provocations à

1. En octobre 2021.
2. Comme la fermeture du restaurant où le président avait choisi de dîner à Oran.
3. Comme le soutien d'Alger aux émeutiers franco-algériens durant les émeutes de juin 2023, ou les interventions répétées du recteur de la grande mosquée de Paris dans les campagnes électorales françaises.
4. Y compris pendant le voyage du président français durant l'été 2022, où chacun a pu constater que l'estrade d'où parlait

l'encontre de l'ambassade française à Alger[1]. Et, depuis l'été 2024, la crise née du changement de politique française vis-à-vis du Maroc a provoqué une riposte algérienne d'une violence inouïe, marquée par l'arrestation de Boualem Sansal en novembre. Mais Paris ne dit rien, paraît-il pour ne pas aggraver la situation ! Mieux, M. Jean-Noël Barrot, ministre des Affaires étrangères de Michel Barnier puis de François Bayrou, qui semble découvrir la réalité algérienne, n'hésite pas à minimiser les choses, écartant le terme de crise, faisant part de ses « doutes » sur la volonté de l'Algérie de mettre en œuvre la « feuille de route » signée en août 2022. Et, comme en écho, le président algérien, dans son interview au journal *L'Opinion*, botte en touche sur ces deux sujets, mémoire et visas. Sur le « mémoriel », il n'hésite pas à comparer la politique algérienne avec les commémorations en France des guerres avec l'Allemagne. Quant à l'immigration, il n'y aurait, selon lui, pas ou très peu de migrants algériens illégaux, mais uniquement des médecins et des ingénieurs.

Avec un tel partenaire français, le président Tebboune peut dormir tranquille.

---

le chef de l'État comportait la formule « *President of the French Republic* ».

1. Tel le refus de délivrer des visas à la famille du ministre-conseiller de l'ambassade venue lui rendre visite.

3

Sortir du piège algérien et de l'impasse marocaine

À l'été 2024, la France se trouve, pour résumer d'une manière un peu simpliste, à la fois dans une impasse avec le Maroc et prise dans un piège algérien. En reconnaissant de manière formelle la souveraineté du Maroc sur le Sahara occidental, Paris a tenté de sortir de l'impasse marocaine et d'éviter ou de contourner le piège algérien. Une illustration de la politique du « en même temps », mais ô combien difficile avec l'Algérie.

Le pari algérien devenu un piège

Tout se passe comme si Paris avait enfin réalisé que le pari algérien fait depuis sept ans par le président de la République n'avait rien rapporté, que les gestes effectués par la

France ne seraient jamais payés de retour, et que nous ne récolterions que des rebuffades, des insultes ou des critiques. Jamais un compliment, encore moins de remerciement. On peut dès lors imaginer que le président de la République, en banquier avisé, ou simplement par réalisme, a constaté que manifestement il n'y avait rien à attendre d'Alger.

Depuis 2018, la France était en effet brouillée avec le Maroc. Le roi s'agaçait sans doute de l'attitude hautaine de la France et de son président ; l'affaire Pegasus[1] avait sérieusement compromis la relation diplomatique et sécuritaire entre les deux pays. Rabat n'avait de son côté pas envoyé d'ambassadeur à Paris ; et le roi faisait patienter l'ambassadeur français pour recevoir ses lettres de créance, ce qui, dans un système monarchique centralisé, interdisait *de facto* à l'ambassadeur Christophe Lecourtier d'avoir le moindre contact avec les officiels marocains.

Le président Macron, poussé par Rabat à sortir de l'impasse où se trouvait la France depuis presque cinq ans, a dû, je pense, peser les avantages et les inconvénients d'un changement

1. Écoutes téléphoniques marocaines des communications d'un certain nombre de personnalités françaises, dont, dit-on, le président de la République, qui auraient été mises en place, selon des journaux français, par le Maroc avec l'aide d'Israël.

de posture diplomatique : d'un côté l'Algérie, partenaire important, certes, mais ne répondant jamais aux offres françaises ; de l'autre le Maroc, ne demandant qu'un geste diplomatique, certes risqué, la reconnaissance du territoire annexé, mais qui offre en contrepartie d'importantes possibilités de développement économique. On peut aussi imaginer que les grands groupes français firent pression sur l'Élysée dans la perspective de la Coupe du monde de football en 2030 et des marchés qui s'offriraient à eux à cette occasion.

Restait la question du Sahara occidental.

Les États-Unis avaient, en 2020, décidé de reconnaître le caractère marocain de cette ancienne colonie espagnole. Les accords d'Abraham[1] avaient alors marqué un tournant dans ce dossier. Depuis cette date, l'Espagne, voisin proche du Maroc, avait également reconnu la marocanité du Sahara occidental. Mais, pour Rabat, il restait à obtenir de l'ancienne puissance coloniale, la France, membre du Conseil de sécurité, et influent au sein de l'Union européenne, la reconnaissance formelle du caractère marocain du Sahara occidental.

1. Nom donné aux accords entre les États-Unis, le Maroc et Israël selon lesquels, après les Émirats arabes unis et Bahreïn, le Maroc s'engageait à reconnaître l'État d'Israël en échange de la marocanité du Sahara occidental.

La subtilité de la politique marocaine vis-à-vis de Paris

Rabat, jouant finement, a finalement accepté le rapprochement avec Paris, mais à la condition que la France, comme l'Espagne, consentît à reconnaître la « marocanité » du Sahara une fois pour toutes.

Mis devant le fait accompli, le gouvernement français a entrepris progressivement un mouvement sur ce dossier. D'abord en envoyant à Rabat le ministre français des Affaires étrangères, Stéphane Séjourné, contempteur au Parlement européen du non-respect par le Maroc des droits de l'homme et thuriféraire de l'Algérie ; le ministre Séjourné dut reconnaître publiquement le caractère « existentiel » pour le Maroc de la question saharienne. Puis en autorisant les entreprises françaises, couvertes par l'AFD[1], à investir au Sahara désormais « marocain ». Enfin en écrivant au roi, à l'occasion de son vingt-cinquième anniversaire sur le trône, une lettre sans ambiguïté sur le changement de posture diplomatique français. Emmanuel Macron affirme dans la lettre au roi du 30 juillet 2024

1. Agence française de développement, bras armé de Bercy et du Quai d'Orsay pour l'aide publique au développement.

que le plan d'autonomie du Maroc pour ce territoire constitue « la seule base pour aboutir à une solution politique juste, durable et négociée ». Le chef de l'État va jusqu'à écrire que « le présent et l'avenir du Sahara occidental s'inscrivent dans le cadre de la souveraineté marocaine ». Même si les mots sont pesés, sur le fond, il est clair que la position française constitue un revirement total. Pour faire bonne mesure, on a poussé la gentillesse jusqu'à informer officiellement Alger en amont de notre décision en espérant calmer le jeu du côté algérien ; toujours notre manie du « en même temps ».

La France, par cette lettre de son président, s'est donc rangée officiellement derrière la thèse marocaine concernant le Sahara occidental. C'est un peu le « renversement des alliances » de 1756 qui a fait de l'Autriche, après la Prusse, l'alliée de la France, et ouvert la voie au mariage autrichien entre Louis XVI et Marie-Antoinette. La lettre du président est à cet égard sans ambiguïté : à plusieurs reprises, il affirme que le plan marocain est le seul, désormais, susceptible d'aboutir à une solution juste et durable. Les termes employés par le chef de l'État sont clairs. Et l'Algérie ne s'y est pas trompée, qui a, avant même la publication de cette lettre par le Palais royal, annoncé des mesures de rétorsion et rappelé pour la quatrième fois son ambassadeur à Paris.

4

Un adultère consanguin, la relation Algérie-Maroc

Pour comprendre la crise provoquée par cette lettre française du 30 juillet et ses nombreuses conséquences, il faut revenir à l'étrange relation entre le Maroc et l'Algérie qui se disputent ce bout de territoire annexé par le Maroc, mais que l'Algérie dit appartenir au Front Polisario qu'elle soutient.

Maroc-Algérie : dès 1962, une relation complexe

Les relations entre Rabat et Alger, il faut le rappeler, n'ont jamais été faciles, et cela depuis l'indépendance de l'Algérie. Le Maroc avait pourtant soutenu l'Algérie dans son combat pour l'indépendance, et abrité sur son sol les combattants algériens. Cette armée, c'est l'Armée des frontières animée par le colonel Boumédiène et le jeune Abdelaziz Bouteflika. Le roi Hassan II avait ensuite donné l'hospitalité aux négociateurs d'Évian[1], donc au « Gouvernement provisoire de la République algérienne » (GPRA) et à son président Ben Youssef Ben Khedda. Mais rapidement, le divorce survint entre les deux alliés d'hier. D'un côté, le FLN puis l'Algérie indépendante marquèrent leur volonté de s'affranchir de la tutelle de leur puissant voisin et allié. De l'autre, avant même l'indépendance algérienne le 5 juillet 1962, le Maroc prit déjà ses distances, le roi n'hésitant pas à critiquer les nouveaux dirigeants algériens.

Ainsi, le 10 mai 1962[2], le général de Gaulle reçoit au château de Champs-sur-Marne le roi Hassan II en présence du nouveau Premier ministre qu'il vient de nommer, Georges Pompidou, du ministre des Affaires étrangères, Maurice Couve de Murville, et du secrétaire général de l'Élysée. L'ambassadeur de France à Rabat, Roger Seydoux de Clausonne, qui fait

1. Voir Xavier Driencourt et Jean Mendelson (dir.), *Évian face à l'étranger. Les réactions internationales à l'indépendance algérienne vues par les représentations diplomatiques françaises*, éditions du CTHS (Comité des travaux historiques et scientifiques), 2022 ; intr. de Maurice Vaïsse, part. de Raphaëlle Branche, Jacques Frémeaux et Sadek Sellam.

2. *Ibid.*

le compte rendu de cet entretien, souligne la méfiance du roi envers son nouveau et jeune voisin, l'Algérie. Après avoir rappelé au Général que les Marocains, eux-mêmes colonisés et musulmans, ont soutenu leurs frères algériens dans leur lutte pour l'indépendance et demandé au chef de l'État de rectifier la frontière tracée par la France au profit du Maroc, le roi répond à de Gaulle qui l'interroge sur « les hommes qui gouverneront demain Alger » (c'est-à-dire après le 5 juillet) que « l'Algérie sera un terrain favorable à l'éclosion d'un cancer social et politique ». Hassan II poursuit et précise que « le Maroc était aux côtés de l'Algérie qui était une terre de colonisation, mais que, aujourd'hui, il prend du large, et la solidarité maghrébine ne l'engage pas à prendre parti dans l'application des accords d'Évian. Le Maroc veut que son voisin soit stable et pacifique, sinon il recevra les premiers coups ». Le roi ajoute que le jour où les États-Unis maghrébins seront créés est encore loin. La rivalité entre l'Algérie et le Maroc s'installe donc dès 1962, et « l'Armée des frontières » algérienne installée au Maroc n'aura pour sa part aucune reconnaissance vis-à-vis de celui qui l'a protégée pendant de longues années.

Plusieurs points sont à l'origine des tensions entre l'Algérie et le Maroc. En premier lieu, il faut le rappeler, les deux pays représentent des systèmes politiques différents, voire antagonistes. L'un est une « république démocratique et populaire », à l'origine d'inspiration socialiste, tandis que l'autre est une très ancienne monarchie dont le roi est de surcroît commandeur des croyants. L'un, la régence d'Alger, a été colonisé par les Ottomans, puis par les Français, l'autre n'a jamais été colonisé. L'Algérie était une « partie de la France[1] », puisque formée de trois départements, tandis que l'autre, depuis la crise de Tanger, n'était qu'un protectorat, où l'influence française était réelle, certes, mais toujours contrebalancée par une proximité et une présence espagnole.

La question des frontières

Dans cette relation, la question des frontières va très rapidement jouer un rôle clé : l'Algérie ayant eu vocation, aux yeux de Paris, à rester « éternellement » française, le colonisateur avait tracé les frontières qui l'arrangeaient,

1. Le président Bouteflika a d'ailleurs rappelé à l'auteur de ces lignes, en mai 2012, ne pas comprendre pourquoi la France « préférait le Maroc à l'Algérie, alors que l'Algérie, c'était des départements français ; moi, ajouta-t-il, je voyageais avec un passeport français ».

notamment dans le sud algérien[1]. La carte de l'Algérie en forme de « jupe évasée » montre que la France « repoussait » en quelque sorte les deux pays voisins, Tunisie à l'est et Maroc à l'ouest, le plus loin possible vers l'extérieur. Entre le Maroc et l'Algérie, la région de Béchar et Tindouf a été depuis toujours contestée, chacun revendiquant cette portion du territoire. La frontière entre l'Algérie, alors française, et le Maroc n'était véritablement définie que sur cent soixante-cinq kilomètres, le reste étant flou, car considéré comme inhabité. Les lignes « Varnier », définie en 1912, et « Trinquet », en 1938, ne sont même pas identiques s'agissant du tracé ; c'est seulement en 1952 que la France intègre au département d'Oran les régions de Tindouf et de Colomb-Béchar.

Devenu indépendant en 1956, le Maroc réclame immédiatement un nouveau tracé des frontières à la France, laquelle cherche alors à obtenir en échange que le Maroc renonce à soutenir l'Armée de libération nationale algérienne (ALN), ce que Rabat n'accepte pas. Le roi Mohamed V, dépité, signe alors en 1961 avec Ferhat Abbas, président du GPRA, un accord selon lequel la frontière entre les deux

1. Boualem Sansal a rappelé ces points en octobre 2024 dans le magazine *Frontières*.

pays devra être renégociée une fois l'Algérie devenue indépendante. L'entretien entre de Gaulle et Hassan II se situe d'ailleurs dans ce contexte.

Dès juillet 1962, tandis que l'ALN quitte le Maroc pour prendre le pouvoir en Algérie et éliminer définitivement les négociateurs d'Évian, une incursion militaire marocaine dans la région de Béchar a lieu et le gouvernement de Rabat déclare que « les frontières actuelles de l'Algérie ne sont pas opposables au Maroc ». Les troupes marocaines qui avancent vers Colomb-Béchar et Tindouf sont alors mises en échec par le soulèvement des populations locales en faveur de l'ALN.

En 1963, un nouveau conflit, que les historiens appelleront « guerre des Sables », éclate, après des mois d'escarmouches entre les deux pays. L'absence d'un tracé clair des frontières autour de Béchar, la contestation par Rabat des frontières coloniales, ainsi que la découverte de ressources minérales, poussent en effet le Maroc à se lancer dans une nouvelle guerre en octobre 1963 en pariant sur la désorganisation de l'Algérie. Mais, cette dernière, nouvel État sur l'échiquier international, le plus important désormais au Maghreb, et qui a fait du Sahara un point dur au cours des négociations d'Évian, affirme très vite qu'elle ne rendra pas un pouce de territoire dans cette région, fût-ce au voisin marocain qui l'a pourtant soutenue dans sa lutte. Tandis que le Maroc, mieux équipé, semble l'emporter sur le terrain militaire, l'Algérie bénéficie du capital de sympathie voué par la communauté internationale à un État nouvellement indépendant et bénéficie de soutiens extérieurs[1] qui lui permettent de parvenir à un cessez-le-feu définitif en février 1964. La volonté de règlement à son profit de la question des frontières constitue donc un échec pour Rabat. Tandis que l'OUA[2] adopte alors le principe, contesté par Rabat, de l'intangibilité des frontières issues de la décolonisation, en 1972, Hassan II et Boumédiène parviennent néanmoins à signer un accord reprenant le tracé français de la frontière. Le conflit va alors se déplacer – et c'est aujourd'hui la principale source de contentieux entre les deux pays – vers la question du Sahara occidental.

1. Cuba, Syrie, Égypte.
2. Organisation de l'unité africaine.

Le dossier du Sahara occidental

Le Sahara occidental, territoire espagnol, était au début des années soixante-dix la dernière colonie d'Afrique. En 1975, le gouvernement espagnol, donnant la priorité à la transition démocratique lors de la maladie puis la mort de Franco, et ne souhaitant pas se lancer dans une guerre coloniale pour garder un territoire qu'il n'estime plus utile, fait montre d'une certaine indifférence face à un Maroc qui revendique la souveraineté sur ce territoire et voit là une occasion de prendre sa revanche sur l'Algérie. Après avoir refusé l'organisation d'un référendum, Rabat saisit la Cour internationale de justice. Le roi Hassan II, mettant l'Espagne et l'Algérie devant le fait accompli, entreprend en novembre 1975 la « marche verte », en mobilisant trois cent cinquante mille volontaires qui se dirigent vers le sud dans le but de « récupérer » ce territoire. Les accords de Madrid signés entre le Maroc, la Mauritanie et l'Espagne en novembre 1975 organisent le retrait de l'Espagne de son ancienne colonie et la partition du territoire entre le Maroc et la Mauritanie.

Mis devant ce fait accompli, l'Algérie décide alors de soutenir le Front Polisario, seul représentant à ses yeux du peuple sahraoui, et fait du principe de l'intangibilité des frontières issues de la décolonisation un quasi-dogme dans les relations internationales.

Ce dossier empoisonne depuis lors la relation entre les deux pays : Bouteflika, revenu au pouvoir en 1999, ne parvient pas, malgré sa bonne relation avec le roi, à régler le contentieux avec son nouvel homologue marocain, le jeune roi Mohamed VI, qui a succédé à Hassan II la même année. Dès lors, les tensions entre les deux capitales se multiplient : Rabat soupçonne Alger d'avoir préparé un attentat à Marrakech en 1994, puis expulse les travailleurs algériens du Maroc. La même année, la fermeture de la frontière entre les deux pays est une nouvelle illustration – symbolique – de la dégradation du climat politique. Depuis cette époque, la frontière algéro-marocaine est officiellement fermée, même si un certain nombre de trafics (essence moins chère en Algérie, contre primeurs venant du Maroc) interviennent. À compter de cette date, la relation entre les deux États, d'abord figée, se dégrade progressivement : Rabat, qui n'entend pas bouger de ses positions sur le « Sahara marocain », propose à l'ONU en 2007 un « plan d'autonomie » pour cette province, tandis que l'Algérie de son côté, afin de soutenir le Front Polisario, décide d'abriter des réfugiés sahraouis dans des camps installés autour de Tindouf.

L'internationalisation du dossier du Sahara occidental

Mais l'internationalisation du conflit va représenter désormais une difficulté supplémentaire pour le Maroc. L'ONU considère en effet le Sahara occidental comme « le seul territoire non autonome en Afrique ». L'accord de 1991 entre le Polisario et le Maroc prévoyait, en échange du cessez-le-feu, l'organisation d'un référendum d'autodétermination ; mais celui-ci a été régulièrement reporté par Rabat, le débat portant notamment sur le recensement des populations saharaouies. En avril 1991, le Conseil de sécurité de l'ONU créé alors la MINURSO, force d'intervention des Nations unies chargée de surveiller les forces militaires en présence et de préparer l'organisation du fameux référendum. Le mandat de la force des Nations unies est renouvelé depuis, chaque année, tandis que le secrétaire général de l'ONU nomme régulièrement un « représentant spécial[1] » chargé de résoudre le dossier du Sahara occidental. Plans

1. Staffan de Mistura en 2025.

marocains et onusiens ce succèdent au rythme des envoyés spéciaux de l'ONU, James Baker, Horst Köhler, etc.

En 2007, face au plan d'autonomie marocain, le Conseil de sécurité de l'ONU appelle les différentes parties à reprendre les négociations « sans conditions préalables et de bonne foi en vue de parvenir à une solution politique juste, durable et mutuellement acceptable » dans la perspective d'une « autodétermination du peuple du Sahara occidental ».

De son côté, l'Union européenne ne peut que s'aligner sur les résolutions du Conseil de sécurité de l'ONU : elle considère le Sahara occidental comme « un territoire non autonome, dont le statut final sera déterminé par le résultat du processus de l'ONU en cours ». À ce titre, en septembre 2021, la justice européenne ira jusqu'à annuler deux accords commerciaux entre le Maroc et l'Union européenne concernant des produits provenant du Sahara occidental en considérant que le Front Polisario était « reconnu sur le plan international comme représentant du peuple du Sahara occidental ».

Le dossier du Sahara occidental est donc aujourd'hui le principal, même s'il n'est pas le seul, contentieux entre l'Algérie et le Maroc : deux positions irréconciliables et d'autant plus irréconciliables que le temps semble plutôt jouer en faveur du Maroc. Ce dossier constitue un accélérateur et un amplificateur de tous les accrochages algéro-marocains. Tout sert ainsi aujourd'hui de prétexte à accroître la tension entre les deux pays :

– l'Algérie accuse ainsi le Maroc d'organiser des trafics de drogue à travers la frontière ;

– à l'ONU, le représentant marocain, pour sa part, compare le Front Polisario avec les mouvements autonomistes qui revendiquent l'autodétermination des Kabyles, ce qui a conduit, en 2022, au rappel de l'ambassadeur marocain à Alger ;

– en août 2021, le rapprochement entre Rabat et Tel Aviv est sévèrement condamné par Alger, d'autant plus que le Maroc au même moment facilite l'arrivée d'Israël comme observateur à l'Union africaine ;

– le sport, notamment le football, passion commune aux deux peuples, sert également de prétexte à des crises lors de la Coupe du monde de 2022 ; tout récemment, en juillet 2024, les joueurs marocains portant un maillot arborant une carte du « Grand Maroc », donc incluant le Sahara marocain, ne furent pas autorisés à jouer en Algérie ;

– en août 2021, l'Algérie décide de rompre les relations diplomatiques avec le Maroc et de fermer son espace aérien à tout appareil civil ou militaire immatriculé au Maroc, ce qui rend par exemple les liaisons entre Rabat et Le Caire quasiment impossibles ;

– en novembre 2021, l'Algérie accuse le Maroc d'avoir tué trois camionneurs algériens, tandis qu'à l'été 2023, des touristes marocains et franco-marocains faisant du Jet-Ski à la limite des eaux territoriales marocaines sont tués par l'armée algérienne.

Chacun compte donc ses points à l'international. Décidé à obtenir la reconnaissance de la « marocanité » du Sahara occidental, Rabat utilise toutes les armes dont il dispose, notamment l'immigration africaine dans les enclaves espagnoles de Ceuta et Melilla pour forcer Madrid à reconnaître le point de vue marocain. L'Espagne ne peut dès lors que s'incliner et prendre position en faveur des thèses marocaines, ce qui provoque en 2023, la rupture des relations diplomatiques entre l'Espagne et l'Algérie.

Les accords d'Abraham

Le coup de maître du Maroc a été en effet son adhésion aux « accords d'Abraham[1] ». En

1. En août 2020, les États-Unis parviennent à faire signer un accord de paix entre les Émirats arabes unis, puis le Bahreïn et Israël. Le Maroc y adhère ainsi que le Soudan, dans la foulée.

2020, le Maroc obtient des États-Unis la reconnaissance de la marocanité du Sahara par le président Trump, en échange de quoi Rabat, qui entretenait déjà des liens indirects avec Israël[1], reconnaît formellement l'État hébreu. Cette reconnaissance est évidemment interprétée à Alger comme un coup terrible qui non seulement fragilise l'unité du monde arabe dans la relation avec « l'entité sioniste » selon les termes utilisés à Alger, mais souligne l'isolement de l'Algérie face aux États-Unis et au voisin marocain. En outre, cette évolution permet à Israël d'intervenir plus ou moins directement dans les affaires algéro-marocaines. C'est de fait une concurrence acharnée entre les deux États voisins dont le monde est témoin et qui éclate ainsi au grand jour. Chacun compte ses alliés dans les enceintes multilatérales, à l'ONU comme dans les organisations régionales et via des accords bilatéraux.

Dans ce jeu, c'est le Maroc qui semble l'emporter, soutenu d'abord par les États-Unis et Israël, aujourd'hui par l'Espagne et désormais la France. Alger a beau critiquer, il dispose de peu de moyens de rétorsion et la rupture des relations avec l'Espagne n'a pas été suivie de beaucoup d'effets. Le changement de position

1. En raison de la forte communauté juive au Maroc.

française en revanche est vu comme une véritable trahison de la part de Paris, la position française à l'ONU comme au sein de l'Union européenne pouvant avoir un effet multiplicateur. On ne peut comprendre la complexité de la relation entre Alger et Rabat, cette sorte d'adultère consanguin, si l'on n'a pas en tête l'importance – évidemment exagérée par Alger – du dossier du Sahara occidental et plus généralement des frontières. Le Sahara occidental, pour Alger, c'est un combat lié à la décolonisation ; c'est un étendard dans les enceintes internationales où l'Algérie peut rejouer la politique étrangère qu'elle mena dans les années soixante-dix ; c'est enfin une source de revenus car l'armée algérienne peut profiter de marchés et de trafics divers dans la région de Tindouf. Emmanuel Macron, par sa décision de juillet 2024, même s'il avait préalablement averti son homologue algérien de la nouvelle position française[1], a commis aux yeux d'Alger un crime absolu. Quand, quelques semaines plus tard, Boualem Sansal évoque la question historique de la frontière entre le Maroc et l'Algérie et paraît contester le caractère algérien de territoires

1. Le président algérien, toujours dans l'interview du journal *L'Opinion*, a précisé avoir parlé de cela pendant deux heures trente avec Emmanuel Macron lors du sommet du G7 élargi en Italie en juin 2024.

de l'ouest du pays, il met en cause le double héritage ottoman et français ; aux yeux du régime algérien, Boualem Sansal a ouvert un dossier qu'aucun Algérien n'avait osé aborder avant lui. Pour les militaires d'Alger, Boualem Sansal est de ce fait un agent étranger, au service du Maroc et de la France.

5

Le double aveuglement français

La crise franco-algérienne actuelle est la plus grave entre les deux pays depuis 1962. Les crises précédentes furent nombreuses, certaines durables, mais aucune n'avait atteint la profondeur de celle que traversent les deux pays depuis l'été 2024. En un sens, cette nouvelle tension ressemble plutôt à celle provoquée en 1965 entre le Maroc et la France par l'affaire Ben Barka. Par cette tension, la France paie en réalité son double aveuglement : un aveuglement (ou de la naïveté) dans sa politique étrangère vis-à-vis d'Alger et un second sur son propre territoire puisqu'elle semble aujourd'hui découvrir des réseaux d'influence algériens extrêmement ramifiés.

Emmanuel Macron et l'Algérie

Comme expliqué précédemment, il y a depuis 1962 une attitude constante de la part de Paris en forme de « bienveillance spontanée » à l'égard d'Alger. Mais à partir de 2017, sous la présidence d'Emmanuel Macron, c'est non seulement de la « bienveillance », mais une sinuosité ou une absence de continuité dans notre politique, dommageable s'agissant de l'Algérie. Alger a bien sûr pris cette sinuosité pour de la faiblesse.

Tout a commencé par l'affirmation, le 12 février 2017, en réponse au journaliste algérien Khaled Drareni qui l'interrogeait sur la chaîne Echourouk News, selon laquelle « la colonisation avait été un crime contre l'humanité ». Emmanuel Macron, élu président, n'a jamais, depuis lors, répété cette fameuse phrase même s'il a affirmé plus tard (l'auteur de ces lignes en est témoin) « ne rien renier de ses propos de campagne ». Tout au plus l'a-t-il légèrement modifiée en qualifiant la colonisation de « crime contre l'humain ». À Alger, la formule du candidat français à la présidence, alors qu'on n'attendait rien ou peu de choses, fut immédiatement reprise, abondamment commentée, et valut à son auteur des félicitations et une admiration mise sur le compte de sa jeunesse et de sa volonté de ne plus être l'otage de l'histoire des relations franco-algériennes. Il en fut autrement en France où les associations de pieds-noirs et de harkis condamnèrent sans réserve les propos tenus à Alger.

Le candidat Macron se savait attendu sur ce terrain[1] : il tenta d'esquiver le débat par des périphrases comme « la France a apporté la déclaration des droits de l'homme en Algérie mais a oublié de la lire ». Poussé dans ses retranchements par le journaliste algérien, il alla plus loin et qualifia d'abord la colonisation de « crime », puis de « crime contre l'humanité », de « vraie barbarie ». Plus tard, il souligna qu'il fallait « présenter des excuses à l'égard de celles et ceux envers lesquels nous avons commis ces gestes ».

Par cette phrase, Emmanuel Macron devenait ainsi le « candidat par défaut du gouvernement algérien » puisqu'il avançait dans cette voie qu'avait rejetée les présidents précédents et que rejetaient bien sûr les deux autres candidats, François Fillon et Marine Le Pen. Avait-il prémédité cette déclaration ? Avait-il informé les Algériens à l'avance ? Était-ce un écart de langage ? Y avait-il d'autres motivations ? Rien

1. L'auteur de ces lignes l'avait d'ailleurs mis en garde quelques jours avant sur ce qu'il dirait à Alger.

n'est très clair. Mais, par cette phrase, il devenait en quelque sorte l'otage du pouvoir algérien, il ne pouvait plus faire marche arrière. À Toulon, le lendemain, le candidat Macron demandait « pardon » pour ses propos d'Alger sans pour autant présenter des excuses. On touchait là, avant même le quinquennat commencé, au cœur des contradictions françaises et de celles de son futur président à cause d'un débat autant politique que juridique. Emmanuel Macron avait ainsi mélangé plusieurs débats menés de manière séparée jusqu'à présent par les historiens, les juristes, notamment les juges internationaux et les opinions publiques : qualifier la colonisation française en Algérie de crime contre l'humanité revenait à considérer que dès l'origine, en 1830, l'entreprise de colonisation visait à exterminer la population algérienne. Or, la colonisation française en Algérie, même si elle fut souvent brutale, ne se doublait évidemment pas d'une telle volonté génocidaire, contrairement à ce qui se produisit en Australie pour les Aborigènes ou en Amérique latine vis-à-vis des populations amérindiennes. Emmanuel Macron aurait donc dû séparer la politique, le droit, la morale et l'histoire. Ce faisant, il a donné de faux espoirs au « système algérien », qui n'en demandait pas tant, et a marqué son quinquennat d'une ambiguïté incomprise mais durable.

Ces contradictions et cette sinuosité allaient marquer les deux quinquennats.

Le pouvoir algérien ne pouvait évidemment qu'applaudir à cette audace, puisque jamais un homme politique français n'était allé aussi loin dans ses propos. On ne pouvait qu'espérer de prochaines étapes prometteuses et surtout, on se félicitait, une fois encore, de l'influence souterraine qu'obtenait ainsi Alger dans la politique intérieure française.

Je suis persuadé qu'il y a chez le président de la République une exigence sincère, une volonté de parvenir non seulement à une normalisation, mais à une amélioration et un apaisement dans la relation avec l'Algérie. Cette volonté est réelle. Cette exigence s'est aussi probablement doublée de la certitude que lui, Emmanuel Macron – que son âge et sa relation avec l'Algérie éloignent des hésitations passées – pourrait réussir avec Alger ce que ni le général de Gaulle, ni François Mitterrand, ni Jacques Chirac n'ont réussi. Il deviendrait ainsi le premier président à tourner la page de l'histoire franco-algérienne. Il pouvait même imaginer que lui, président, ferait avec Alger ce que de Gaulle a construit avec l'Allemagne du chancelier Adenauer, signer un traité d'amitié qui deviendrait l'équivalent du traité de l'Élysée de 1963. Un succès dans ce domaine, qui relève à la fois de la politique étrangère et de la politique intérieure française, suffirait à le faire entrer dans l'histoire. Pour atteindre ce but, il importait donc de ne pas froisser Alger. Et pourtant, Emmanuel Macron, justement parce qu'il était débarrassé des pesanteurs de l'histoire, aurait pu choisir une tout autre voie.

La sinuosité de la politique française

Dans les faits, on ne peut que constater la grande sinuosité de notre politique en Algérie.

Le premier déplacement à Alger en décembre 2017, après celui du candidat, aurait dû ouvrir de nouvelles perspectives et tester la volonté et les réactions algériennes par rapport à une réconciliation historique. Mais les circonstances n'étaient pas à Alger celles qu'on imaginait à Paris. L'interlocuteur officiel du président n'était plus le puissant chef d'État que Jacques Chirac avait connu. Bouteflika était un homme malade, affaibli, ne parlant presque plus et également inaudible, représentant un système en bout de course marqué par les rivalités entre les clans qui, à la fin de son quatrième mandat, se disputaient sa succession. Nous faisions alors, du côté français, des propositions alléchantes :

l'ouverture, gratuite, d'une « École 42 » par les équipes de Xavier Niel, venu avec le président ; le don d'un immense bâtiment français pour cette opération[1], l'ouverture de plusieurs centres culturels, la promesse d'attirer les talents algériens par un nouveau système de visas plus généreux pour les entrepreneurs, enfin une initiative exceptionnelle, le possible départ d'Alger du Tour de France en 2022 à l'occasion du soixantième anniversaire de l'indépendance. Les « gestes mémoriels » suivaient puisque le président, sans répéter ses propos controversés de février 2017, affirmait clairement ne pas les renier. En 2019, le président réhabilitait ainsi le mathématicien Maurice Audin en reconnaissant son assassinat par l'armée française en 1957 puis, en mars 2021, reconnaissait l'assassinat par la France d'Ali Boumendjel, avocat du FLN ; la France décidait également de restituer les ossements d'une vingtaine de combattants algériens ; puis en octobre 2021, le président commémorait la répression du 17 octobre 1961 au bord de la Seine, qualifiée par lui de « crime inexcusable pour la République ». En décembre de la même année,

1. Le bâtiment dit de l'Amirauté, vaste immeuble de 10 000 m^2 en bas de la Casbah, et qui était l'ancien consulat général, fermé en 1994.

à la suite du rapport commandé à Benjamin Stora, les archives françaises relatives aux affaires judiciaires et aux enquêtes de police durant la guerre furent ouvertes avec quinze ans d'avance ; en janvier 2022, le président jugea « impardonnable » la fusillade de la rue d'Isly après avoir demandé « pardon » aux harkis en septembre 2021. Le 1er novembre 2024 – soixante-dixième anniversaire du soulèvement de la Toussaint 1954 – en pleine crise franco-algérienne, le président de la République reconnaissait l'assassinat par l'armée française de Larbi Ben M'Hidi, une des grandes figures algériennes de la guerre d'indépendance et quelques jours plus tard demandait à son ambassadeur à Alger de déposer une gerbe sur la tombe de l'intéressé, au « Carré des martyrs » du cimetière d'El Alia, équivalent algérien du Panthéon français.

Désillusions du Hirak et poursuite de la « bienveillance spontanée »

Et puis arriva le Hirak et les premières désillusions du côté français : on ne comprit pas à Paris la signification de ce mouvement et les espoirs d'une population qui voulait tourner la page du régime militaire. On se laissa sans doute intoxiquer par les bonnes paroles et les faux messages des autorités d'Alger, en dépit des mises en garde que je faisais depuis Alger. Le « système », comme me le dit au cours de mon audience de départ, en juillet 2020, le président algérien, avait eu « très peur ». L'armée, toujours persuadée d'être l'unique propriétaire du pays et qui entendait garder la double rente, pétrolière et mémorielle, utilisa habilement le Hirak, c'est-à-dire à son avantage, d'abord pour se débarrasser de Bouteflika et préparer l'avènement de son candidat, Abdelmadjid Tebboune, puis pour se retourner ensuite contre le peuple et verrouiller le pays en empêchant toute nouvelle contestation.

Les hésitations parisiennes (« ni ingérence, ni indifférence ») faisaient de la France un simple spectateur des soubresauts algériens. On ne soutenait ni le régime de Bouteflika, ni les manifestants, on se contentait de suivre simplement. Le président français perdait ainsi l'occasion de rompre avec la politique précédente et d'entrer dans l'histoire. Et pendant le Hirak, les demandes de visas comme les entrées irrégulières en France (les « *harragas*[1] ») diminuèrent

1. Nom donné à ceux qui traversent la Méditerranée de manière illégale pour entrer en Europe. La route Annaba-Lampedusa et la route Mostaganem-Alicante sont deux voies maritimes très utilisées.

fortement, car le peuple algérien avait l'espoir d'un changement. Même si, en décembre 2019, le président Macron se contenta de « prendre note » de l'élection de Tebboune (les termes employés étant particulièrement faibles en langage diplomatique[1]), cette élection n'empêcha pas la France de poursuivre sa « bienveillance spontanée » à l'égard du nouveau pouvoir algérien. Les gestes mémoriels se poursuivirent. Sans doute, à l'Élysée, divers conseillers, au premier rang desquels Benjamin Stora, usèrent de leur influence pour pousser le chef de l'État à poursuivre sa politique bienveillante et réussirent à lui faire croire qu'Abdelmadjid Tebboune serait un « démocrate » avec lequel il pourrait parler. Grave erreur…

Le ministre de l'Intérieur français, après avoir déclaré en septembre 2021 vouloir réduire la délivrance de visas de 50 %, fit rapidement marche arrière et fila s'excuser auprès du chef d'État algérien. L'été 2022, le président Macron se rendit trois jours à Alger et Oran où, en dépit des rebuffades d'Alger, comme la fermeture administrative du restaurant où il devait dîner, signa avec son homologue la « déclaration d'Alger », véritable catalogue de

1. Dans son interview à *L'Opinion*, Tebboune n'a pu s'empêcher de rappeler ce qu'il voit comme une erreur française.

bonnes intentions pour l'avenir : « partenariat d'exception » à nouveau célébré, installation d'un groupe de travail sur les archives, d'un comité d'historiens présidé par le même Stora, affirmation de la volonté française de travailler sur la « dimension humaine » des relations franco-algériennes, ce qui signifiait en clair l'augmentation des visas et la non-remise en cause de l'accord de 1968.

En même temps, on fit délibérément le choix à Paris de fermer les yeux sur les atteintes aux libertés et aux droits de l'homme en Algérie, de ne jamais évoquer la répression et les atteintes à la liberté de la presse. Là où les ambassades américaines et britanniques intervenaient, au moins par des communiqués ou des Tweets, la France restait muette. Nous rations ainsi une nouvelle occasion.

Le gouvernement Tebboune, fort de l'appui de l'armée, mit tout en œuvre pour éliminer les espaces de contestation ou de liberté, au point que nombre d'Algériens avouent aujourd'hui regretter Bouteflika. La mort de ce dernier, en septembre 2021, donna lieu à un enterrement en catimini pour éviter les rassemblements de rue en hommage à l'ancien président, rassemblements qui auraient été perçus comme des manifestations hostiles au régime. Par confort ou opportunisme, mais surtout par aveuglement, l'Élysée, conseillé par ses hommes de l'ombre, ferma alors les yeux sur la réalité algérienne. Le journaliste Ihsane El Kadi fut arrêté, jugé, emprisonné, les capitales étrangères protestèrent, la France se tut, jusqu'à ce qu'en dernier recours, elle se rallie aux parlementaires européens qui ont condamné les entraves à la liberté de la presse. La fermeture du journal *Liberté* et le sort de son propriétaire, l'industriel Issad Rebrab[1], ne suscitèrent aucune protestation ni aucun commentaire. À la mi-mai 2021, Issad Rebrab, déjà emprisonné en 2020 pour avoir manifesté au moment du Hirak, relâché depuis mais empêché de quitter le territoire algérien, fut à nouveau arrêté et placé sous contrôle judiciaire. Paris ne dit rien, alors que Rebrab, un an plus tôt, était un des deux industriels algériens invités au sommet de Versailles « Choose France ». Imaginons, en France, Bernard Arnault arrêté pour avoir soutenu un candidat autre que le président sortant… Au même moment, le général Ghediri, candidat à la présidentielle contre Tebboune en 2019, fut condamné à six ans de prison ferme pour « atteinte au moral de l'armée ». Silence en France. L'opposant socialiste Karim Tabbou fut lui aussi arrêté. Toujours le silence.

1. Issad Rebrab était alors le premier industriel algérien, et sans doute du continent africain.

Quand la binationale Amira Bouraoui décida de fuir l'Algérie en passant par la Tunisie et que l'ambassade de France l'aida à quitter Tunis, Alger rappela une nouvelle fois son ambassadeur et la presse algérienne attaqua violemment les « complots et barbouzeries françaises » fomentées par la DGSE ! Silence renouvelé devant ces attaques. Éternel silence, au Quai d'Orsay comme à l'Élysée. Pourquoi donc, dans un tel contexte de silence, le pouvoir algérien aurait-il hésité à arrêter Boualem Sansal, puisqu'il était évident aux yeux de ce pouvoir qu'à Paris on ne réagirait pas ?

La brouille franco-marocaine

Ce choix délibéré en faveur d'Alger, lié à notre aveuglement, eut une autre conséquence : il nous a brouillés avec le Maroc, alors que, jusqu'à présent, la France avait réussi à maintenir un équilibre entre les deux capitales maghrébines. En 2022, le Palais royal à Rabat démentit fermement l'Élysée en niant une « quelconque relation normale ou amicale avec Paris ». Or, pour des raisons identiques à celles qui nécessitent une relation normale ou apaisée avec Alger, la France a également besoin d'une relation apaisée avec le Maroc. Croire que le pari algérien nous dispense de toute relation amicale avec Rabat est un leurre : les mêmes problèmes – sécurité, économie, immigration – existent avec Rabat comme avec Alger. L'exclusivité du choix en faveur d'Alger nous a éloignés, brouillés avec son voisin chérifien.

Par le choix algérien qu'elle fit, la France laissa en quelque sorte « filer » le Maroc vers d'autres alliés : Espagne, États-Unis, Israël. S'y ajoutait, pour Madrid, la volonté de compter sur la coopération marocaine pour contrôler ses enclaves de Ceuta et Melilla. La politique française, y compris du temps de François Mitterrand, et évidemment sous les présidences Chirac et Sarkozy, était faite d'un équilibre subtil entre Alger et Rabat, avec des inflexions pro-marocaines ou pro-algériennes selon les périodes. Nous évitions de suivre Rabat dans sa politique sur le Sahara occidental en renvoyant le dossier au Conseil de sécurité de l'ONU. Dans cette enceinte, prudemment, nous soutenions le plan d'autonomie inspiré par la France et reconduisions chaque année le mandat de l'ONU pour la force d'interposition, la MINURSO. Dans ces deux tête-à-tête, la France avait toujours évité de tomber dans le piège que nous tendaient les deux capitales, le Sahara occidental pour Rabat, la mémoire pour Alger. Par notre choix en faveur d'Alger, cet équilibre fut alors rompu ; de ce fait, nous manquions l'occasion d'accompagner le Maroc dans sa diplomatie régionale et africaine, en misant exclusivement sur son voisin. Les accords d'Abraham, comme la guerre en Ukraine, ont également conduit à radicaliser les positions diplomatiques du Maroc et de l'Algérie et à « solidifier » leurs camps respectifs : États-Unis et Israël pour l'un, Russie et Chine pour l'autre. En un mot, nous avons été écartés du Maroc et nous n'avons rien récolté de notre soutien à Alger.

Le « renversement des alliances »

C'est fort de ce constat désabusé qu'en juillet 2024 le président français fit le choix du Maroc par la lettre envoyée à l'occasion de l'anniversaire de Mohamed VI. Le rapprochement franco-algérien avait profondément irrité le roi du Maroc, au point que les relations entre Paris et Rabat étaient devenues « glaciales ». Comment sortir de cette crise alors que, de l'autre côté, le rapprochement avec l'Algérie n'avait rien rapporté à Paris ? Pouvait-on être en froid durablement avec les deux grandes capitales du Maghreb ? Comment choisir entre l'impasse marocaine et le piège algérien ?

C'est dans ce contexte que Rabat, jouant finement, a accepté le rapprochement avec Paris, mais à la condition que la France, comme l'Espagne avant elle, reconnaisse la « marocanité » du Sahara une fois pour toutes. Emmanuel Macron affirma ainsi que le plan d'autonomie du Maroc pour ce territoire était « la seule base pour aboutir à une solution politique juste, durable et négociée ».

La réaction d'Alger ne s'est pas fait attendre, avec un communiqué de presse de l'agence publique APS (Algérie presse Service) dénonçant la position de l'exécutif français et la « caution franche et catégorique au fait colonial imposé au Sahara occidental. Ce pas qu'aucun autre gouvernement français avant lui n'avait cru devoir franchir. » Le Conseil de la nation, chambre haute du parlement algérien, ne manqua pas de fustiger les « relents colonialistes dans les politiques du gouvernement français, qui reste nostalgique d'un passé colonial honteux, dont les horreurs et les atrocités sont encore vivaces dans la mémoire nationale et mondiale ». Cinq jours plus tôt, l'ancienne colonie française, informée par Paris qui voulait désamorcer la crise, avait déjà publié un autre communiqué rageur pour mettre en garde Paris sur toute inflexion de sa position en la matière.

À l'été 2024, on ne put que prendre note de la formule en vigueur au Quai d'Orsay, et que j'ai moi-même expérimentée, selon laquelle « tout septennat commence à Alger et finit à Rabat ».

La crise de l'été 2024, qui atteint son paroxysme avec l'arrestation de Boualem Sansal le 16 novembre, connaît alors plusieurs étapes qui constituent autant de stations dans le long chemin de croix franco-algérien : rappel (qu'Alger qualifie de « retrait », terme inexistant dans les relations diplomatiques, mais volontairement plus fort) de l'ambassadeur algérien à Paris dès le 30 juillet ; visite d'État du président de la République à Rabat à la fin d'octobre 2024, visite qui est l'occasion de réaffirmer solennellement l'engagement français sur le Sahara marocain ; attribution du prestigieux prix Goncourt, début novembre, à Kamel Daoud, que le pouvoir algérien fustige au lieu d'être fier qu'une telle récompense soit attribuée à un écrivain algérien, et qu'il voit évidemment comme organisée par l'Élysée ! L'attribution du Goncourt est immédiatement suivie à Alger d'une mise en scène visant à déstabiliser l'écrivain et sa famille[1]. L'arrestation de Boualem Sansal

1. Le livre est interdit en Algérie, les éditions Gallimard sont bannies du Salon du livre d'Alger, et une conférence de presse

constitue l'ultime étape mi-novembre, alors que l'écrivain faisait régulièrement des allers-retours entre Boumerdès, où il habite, et la France. Incarcéré à la prison de Koléa à l'ouest d'Alger, l'écrivain se voit même privé des services d'un avocat français, et l'ambassade ne peut exercer la protection consulaire vis-à-vis d'un compatriote. Pire, en février 2025, on apprend que la motivation du refus de visa à François Zimeray est l'origine juive de sa famille. La France est muette une nouvelle fois face à ces assertions. Finalement, devant la montée des protestations en France comme dans le monde à l'initiative du comité de soutien français et international à Boualem Sansal, le président Macron prononça début janvier, devant les ambassadeurs français, une phrase qui, une fois encore, déplut fortement à Alger, puisque le chef de l'État parlait du « déshonneur » de l'Algérie.

Rajoutant de l'huile sur le feu, à la fin de l'année, le président algérien, poussé par les durs du régime, prononça un discours d'une extrême violence, revenant évidemment sur le fonds de commerce algérien, la rente mémorielle, et qualifia la colonisation française de « génocide ». Ce terme utilisé par Tebboune pour la première fois

---

est organisée pour critiquer le livre et faire intervenir une femme accusant Kamel Daoud d'avoir utilisé son histoire personnelle.

renvoyait en miroir au « crime contre l'humanité » de 2017.

Les trois otages de l'Algérie

En arrêtant Boualem Sansal, en l'incarcérant, Alger prend trois otages et envoie trois messages.

Le premier otage est évidemment Boualem Sansal, qui a le tort d'écrire en français, de publier en France et, injure suprême, d'avoir obtenu la nationalité française quelques mois auparavant. Otage, il l'est en restant prisonnier, en attente d'un procès (quand viendra-t-il, tant le nombre d'Algériens en détention provisoire dans l'attente d'un jugement est élevé ?). Otage, il ne peut évidemment s'exprimer, critiquer ni voyager. Condamné à la prison, il est condamné au silence. Les mots employés par le président algérien dans son discours du 28 décembre – « imposteur », « né de père inconnu », « envoyé par la France[1] » –, les rappels historiques, concernant les « cinq millions de martyrs »,

1. Les qualificatifs prêtés à Boualem Sansal sont en parfaite contradiction avec les termes employés par Tebboune dans l'interview déjà citée faite à *L'Opinion* le 3 février où il justifie la détention de Boualem Sansal par le fait « qu'il est Algérien depuis soixante-quatorze ans » !

le « génocide », le « grand remplacement des Algériens par des chrétiens », etc., sont là pour souligner la détestation de la France par Alger, devenue un marqueur de sa politique étrangère. Détestation, mais aussi échec de l'Algérie, qui, soixante-deux ans après son indépendance, en est réduite, encore et toujours, à faire de la colonisation l'explication de ses propres erreurs et de sa faillite. Quelle autre ancienne colonie, française ou non, en est encore là ?

Le deuxième otage, c'est le président Macron : otage de la relation franco-algérienne qu'il a lui-même créée en ignorant les « fondamentaux » de cette relation et en faisant fi du caractère irrationnel du « système » algérien. Le chef de l'État français s'est cru plus fort que ses prédécesseurs et a naïvement pensé que lui, avec ses conseillers, réussirait cette impossible réconciliation.

Enfin, les intellectuels algériens, les « élites » algériennes, les élites francophones, sont aussi des otages, les troisièmes, de cette arrestation : avec l'emprisonnement d'un intellectuel comme Boualem Sansal, Alger envoie un message aux « élites » francophones et francophiles du pays : « Vous voyez, cela ne sert à rien de chercher à obtenir la nationalité française ; en Algérie, vous êtes citoyens algériens et êtes sous notre loi, Paris ne peut rien pour vous. »

Mais que cherche Alger dans ce combat ? Quels sont ses « buts de guerre » ? Il est totalement improbable que la France, après avoir proclamé solennellement la reconnaissance du Sahara marocain, fasse maintenant marche arrière. Le combat, pour Alger, est perdu d'avance. Ce que cherche probablement Alger, c'est une forme de « compensation » politique : de la reconnaissance, une reconnaissance affirmée publiquement par le président de la République, davantage de visas, l'abandon de toute idée de renégocier l'accord de 1968 (comme la plus grande partie de la classe politique française le demande désormais), l'assurance aussi et surtout que la France fera taire les critiques contre le régime algérien, critiques d'une partie de la classe politique (« les nostalgiques de la France coloniale », comme on dit à Alger), critiques des intellectuels algériens réfugiés en France, critiques de la presse et des médias français que ce pouvoir abhorre. Alger veut étouffer la voix de ceux qui osent rappeler la faillite de ce système et de ce pays, pourtant indépendant depuis soixante-deux ans. En un mot, faire payer à la France l'humiliation que pense avoir subie Tebboune en juillet précédent avec le revirement diplomatique français.

L'aveuglement en politique intérieure française

Cet aveuglement – ou, de manière plus diplomatique, cet angélisme – en politique étrangère avec Alger se double d'un aveuglement au plan intérieur : avec l'affaire Boualem Sansal et son enchevêtrement de tensions diverses, on découvre à Paris, ou on fait mine de découvrir, que l'Algérie entretient des réseaux d'influence en France. On savait certes que la communauté algérienne de fraîche date ou française d'origine algérienne cachait des réseaux plus ou moins licites, liés au commerce de drogue notamment. Il a même été dit qu'en 2023 les émeutes des banlieues avaient cessé parce que les trafiquants de stupéfiants ne parvenaient plus à commercer librement et activement. En outre, des élus ou des candidats ont, pour capter les voix des électeurs liés à l'Algérie, plus ou moins fermé les yeux sur ces réseaux dans plusieurs villes.

Aujourd'hui, on découvre à Paris à la fois les ramifications de ces réseaux, les soutiens dont ils bénéficient de la part d'Alger, et le rôle joué par les « têtes de pont » officielles que sont la grande mosquée de Paris et ses affidés. À l'occasion de cette crise, on découvre aussi le poids et le rôle des consulats algériens, en particulier lorsqu'il s'agit d'obtenir des laissez-passer consulaires nécessaires à l'exécution des OQTF. On constate également que non seulement ils peuvent bloquer l'exécution des OQTF, mais qu'ils jouent un rôle actif dans la gestion des sans-papiers algériens. En effet, sans pièce d'identité ou passeport algérien, les sans-papiers ne peuvent espérer sortir de la clandestinité, puisque les opportunités de travailler ou de se faire régulariser deviennent plus complexes. C'est à cette étape que les consulats d'Algérie jouent un rôle primordial : ils ont en effet la faculté de délivrer un passeport biométrique d'une durée de validité d'un an aux ressortissants algériens en situation irrégulière. Il suffit à ces derniers de se présenter avec une photo de leur ancien passeport ou d'une pièce d'identité ancienne, un acte de naissance ou tout autre document permettant d'établir leur identité, pour se faire délivrer une carte consulaire qui, elle-même, leur permettra d'obtenir un passeport. Celui-ci sera soigneusement caché ou confié à des personnes de confiance pour ne pas en disposer sur soi en cas de contrôle. Le passeport algérien peut servir à ouvrir un compte en banque, créer une entreprise individuelle en France grâce aux dispositions de l'accord franco-algérien de 1968 qui permet, par dérogation, la création d'une entreprise avec une simple pièce d'identité algérienne. De fait, les consulats sont ainsi les gestionnaires consentants des sans-papiers.

Or, tandis que la France dispose de trois consulats outre-Méditerranée, l'Algérie avait jusqu'à une date récente dix-huit consulats en France, autant de moyens de contrôler les communautés algériennes dispersées sur le territoire. Notre « bienveillance spontanée » à l'égard de l'Algérie a poussé l'ancien ministre de l'Intérieur à accepter – sans aucune contrepartie – l'ouverture de deux consulats supplémentaires, ce qui porte leur nombre à vingt. Notre bienveillance confine dans ce cas à l'aveuglement. La logique voudrait qu'au nom de la réciprocité, l'Algérie n'ait que trois consulats en France. Les consuls sont des agents algériens actifs en France : lorsque je fus invité par la municipalité de Laval à venir présenter et débattre autour de mon livre *L'Énigme algérienne*, le consul algérien de la région, non seulement refusa l'invitation du maire et de la préfète, mais menaça d'organiser une manifestation hostile.

6

La double fragilité algérienne

Alger aime fanfaronner : l'Algérie est un des plus grands pays d'Afrique, possède des hydrocarbures, du gaz et du pétrole à l'envi, dispose d'institutions stables au point que les « printemps arabes » qui ont balayé les dirigeants des pays voisins – Égypte, Libye, Tunisie – ont épargné Alger, une soi-disant « grande diplomatie » qui permet au régime de tenir tête quand il le faut à l'Espagne et à la France, une voix qui, paraît-il, se fait entendre dans les enceintes internationales pour soutenir le Front Polisario, etc. Mais ces fanfaronnades ne sont-elles pas en réalité que le simple cache-misère d'un régime aux abois ?

Il faut, en effet, lire et même relire attentivement l'interview qu'a accordée le président algérien au journal *L'Opinion* le 3 février 2025. On y trouve des « perles », ou des contre-vérités, comme on veut, destinées à réécrire l'histoire et endormir l'opinion publique.

Évidemment, le président Tebboune se donne le beau rôle. Il affirme qu'il a prévenu son homologue français lors du sommet de Bari : « ne commettez pas l'irréparable », vous ne gagnerez rien à reconnaître la marocanité du Sahara occidental. Pour enrober le discours et présenter une Algérie ouverte, libérale et démocratique, la diplomatie algérienne, loin d'être isolée, est présentée sous son meilleur jour. Alger aurait ainsi pu éviter les massacres en Syrie (si seulement elle avait été entendue...) ; Alger est évidemment « disposée à reconnaître Israël » et « les juifs d'Algérie font partie intégrante de l'histoire du pays » (comme s'il n'y avait pas un antisémitisme d'État en Algérie... l'exemple du refus de visa pour Me François Zimeray le montre !) ; « la Tunisie n'a pas de sérieux problèmes en dehors d'un endettement et d'une croissance faibles » et « le président tunisien fait ses courses au marché », c'est donc la preuve évidente d'un régime démocratique... ; au Mali, l'Algérie – bien qu'expulsée – était prête à « financer un plan de développement de plusieurs centaines de millions de dollars », et l'Algérie n'héberge pas l'imam Dicko parce qu'opposant notoire au régime malien, mais seulement « parce que l'imam est un "sage" » qui contribue à « l'islam du juste milieu de la grande mosquée d'Alger » (alors que cet imam est connu pour son radicalisme religieux). Avec le Maroc, tout est évidemment la faute de la monarchie chérifienne, puisque c'est elle qui a menacé l'Algérie dès 1963 (sans que l'accord entre Hassan II et Ferhat Abbas sur la frontière soit mentionné) et « c'est le Maroc qui menace l'Algérie par des exercices militaires conjoints avec l'armée israélienne ». Si l'Algérie s'est tournée vers l'Italie, c'est parce que François Mitterrand avait refusé de soutenir l'Algérie et que Rome avait suppléé cette carence. En un mot, l'Algérie ne serait absolument pas isolée et le monde entier la soutiendrait... sauf la France d'Emmanuel Macron. De même, il y aurait « peu d'entrées illégales d'Algériens en France » et le président Tebboune « ne veut pas imposer à la France des Algériens en situation irrégulière » ; « l'Algérie a accordé mille huit cents laissez-passer consulaires » (en contestant le chiffre de dix mille demandes). « La grande mosquée de Paris n'est pas une officine », on apprend même que « le recteur est un honnête homme ». Et, cerise sur le gâteau, le président Tebboune d'affirmer que le Président Trump, en renvoyant des clandestins, ne fait que « régler un problème migratoire » et « n'a pas d'arrière-pensée », tandis que la France en aurait évidemment, elle, et pas de problème migratoire... Quant à la « rente mémorielle », « que fait-donc la France en commémorant ses soldats et les résistants français si ce n'est là aussi cultiver une rente mémorielle » ! Enfin, on se retient de rire jaune lorsque, interrogé sur le cas Boualem Sansal, on apprend que « Boualem Sansal n'est pas un problème algérien », mais « un problème créé par les Français », « une affaire scabreuse » : Boualem Sansal a été arrêté « parce qu'il avait dîné la veille avec Xavier Driencourt, l'ancien ambassadeur de France à Alger ». On découvre ainsi que dîner avec moi justifie une arrestation. D'ailleurs, aux yeux de Tebboune, « Boualem Sansal n'est Français que depuis cinq mois », oubliant que, en décembre, le même président soutenait que Sansal n'était pas Algérien, car né au Maroc.

Comme l'écrit justement un observateur algérien, « le président Abdelmadjid Tebboune a illustré une contradiction flagrante dans son approche de la liberté d'expression et des droits de l'homme. D'un côté, il défend des influenceurs algériens résidant en France, impliqués dans l'incitation au meurtre d'opposants, dénonçant leur poursuite judiciaire. De l'autre, il critique Paris pour son refus d'extrader des militants pacifiques qui ont trouvé refuge en France après avoir fui la répression, les qualifiant de “criminels et saboteurs”. Cette contradiction met en lumière un double standard évident : l’incitation à la violence est tolérée, tandis que l’expression pacifique est criminalisée. En fin de compte, cette approche sélective illustre comment les questions de liberté sont exploitées à des fins politiques, plutôt que défendues selon un principe universel et équitable. »

Bref, le lecteur se perd dans ces contre-vérités.

Mais s’il y a un double aveuglement français, il ne faut pas sous-estimer la fragilité du régime algérien, double également, en diplomatie comme en politique intérieure.

Une diplomatie algérienne affaiblie

La réalité est en effet différente de la description qu’aime en faire le « système » algérien et son président.

Lors de mon second séjour comme ambassadeur, j’ai moi-même pu constater que l’Algérie que j’avais connue en 2008, puis retrouvée en 2017, n’avait plus rien à voir avec celle qui se voulait la « Mecque des révolutionnaires[1] »,

1. Nom alors donné à Alger dans les années soixante et soixante-dix.

le porte-parole des « Soixante-dix-sept[1] », le leader, avec l'Inde, du tiers-monde, et le pays auquel les États-Unis et l'Iran avaient eu recours en 1980 pour arbitrer la prise d'otages de l'ambassade américaine à Téhéran. Ce temps-là était bel et bien révolu, car, entre-temps, il y avait eu la décennie noire, la guerre civile algérienne entre 1990 et 2000, et cette sombre période avait fait disparaître Alger de la scène internationale. Alger était alors isolée. Le pays était en guerre, le régime chancelant ; la priorité était donnée à la lutte contre le terrorisme islamiste ; les méthodes répressives des militaires face aux terroristes étaient dénoncées par une partie de la presse et de l'opinion internationale[2] ; certains s'interrogeaient même sur le double jeu prêté aux militaires dans les sombres dossiers, de Tibhirine notamment, et dans certains massacres[3]. Enfin, le pays était exsangue au plan économique et financier, la dette extérieure abyssale, et l'Algérie payait

1. Le groupe dit des « 77 », à l'ONU et dans les organisations internationales, également appelés « neutres et non-alignés », représente une grande partie des pays du tiers-monde qui prônent un certain non-alignement.

2. C'est également une des raisons pour lesquelles le livre de Kamel Daoud, *Houris*, a été interdit en Algérie. Il insiste en effet sur une réalité cachée : les exactions commises par les militaires pendant la décennie noire.

3. Thèse familièrement appelée du « Qui tue qui ? ».

au prix fort les errements économiques des années Boumédiène-Bouteflika et la chute du prix des hydrocarbures[1]. Seul l'endettement et le rééchelonnement des dettes en club de Paris[2] parvinrent à sauver le pays.

Depuis lors, malgré, il faut le reconnaître, une grande habileté et une forme de génie prêtée à Bouteflika, devenu président en 1999, le pays n'avait pas renoué avec sa « grande diplomatie », parfois audacieuse, des années soixante-dix. La voix de l'Algérie était assez inaudible, tant en raison de la chappe de plomb qui pesait sur les exactions des dix ans de guerre civile que parce que d'autres pays avaient pris la place de l'Algérie révolutionnaire : la Chine, toute nouvelle puissance asiatique et bientôt mondiale, l'Iran des mollahs, qui prétendait être la voix des pays arabes et musulmans opprimés, l'Afrique du Sud de Nelson Mandela, tandis qu'en Amérique latine le Vénézuéla d'Hugo Chavez se faisait également entendre. Alger se contentait de louvoyer entre le Maroc, avec lequel les relations étaient compliquées, mais réelles, et la

1. Le baril de pétrole était autour de dix dollars à l'époque.

2. Le club de Paris est un groupe informel de créanciers internationaux, présidé par le directeur général du Trésor (français), qui a pour mission de rééchelonner la dette de certains pays endettés. Il fut très actif dans les années soixante-dix et quatre-vingt à l'égard de pays comme l'Argentine ou le Mexique.

France, où Bouteflika effectua pour la première fois une visite d'État en 2000 et revint en 2008 au sommet de l'Union pour la Méditerranée (UPM). Le Bouteflika président, certes respecté, n'était plus le sémillant et fringant ministre des Affaires étrangères de jadis. La hausse du prix des hydrocarbures constituait la véritable (et seule) chance de l'Algérie, car elle permettait au « système » d'inonder le pays par l'argent du pétrole, d'acheter les voix lors des élections, et de construire, grâce aux Chinois, des infrastructures partout. De toute évidence, la priorité, après la guerre civile, était de pacifier et de garantir la stabilité du pays.

Bouteflika avait réussi à nouer une relation plutôt bonne avec l'ancienne puissance coloniale, notamment avec Jacques Chirac, on l'a vu ; les deux hommes, qui avaient combattu pendant la guerre d'indépendance, se respectaient et s'appréciaient. En réponse à la visite d'État de Bouteflika à Paris, la première et la seule depuis 1962, le président français s'était rendu à trois reprises en Algérie et avait même marqué sa compassion en 2003 par un voyage éclair lors du tremblement de terre de Boumerdès. À chaque fois, il avait été accueilli en héros. Comme je l'ai déjà dit, un « traité d'amitié » entre Paris et Alger avait été sur le point d'être signé. Mais la crise diplomatique créée par le vote à l'Assemblée nationale française de l'amendement Vanneste en février 2005 avait mis tout cet édifice par terre. Il n'y eut plus de projet de voyage officiel de Bouteflika à Paris, hormis pour le sommet de l'UPM (où il devait d'ailleurs se retrouver aux côtés du Premier ministre israélien).

Malgré cela, les présidents français comme les candidats aux fonctions suprêmes continuèrent à se rendre régulièrement à Alger, pour consulter le « vieux sage » qu'était alors Bouteflika et draguer l'électorat franco-algérien. Nicolas Sarkozy effectua un voyage officiel en décembre 2007 ; François Hollande en décembre 2012 fit de même ; et il revint début 2017 faire ses adieux à un Bouteflika malade qu'il eut le malheur de décrire comme « plein d'alacrité », formule soufflée par Laurent Fabius, ministre des Affaires étrangères, qui étonna les commentateurs, au moins autant que « l'abracadabrantesque » de Jacques Chirac en 2001. Le président algérien, auquel on reprochait parfois d'être trop francophile et de donner des gages à Paris, accorda ainsi en 2013 à son homologue français l'autorisation de survol du territoire algérien par l'aviation française pour l'opération Serval, puis Barkhane. En 2011, Jean-Pierre Raffarin, puis Alain Juppé, ministre des Affaires étrangères de Nicolas Sarkozy, furent, chacun leur tour, reçus avec des égards particuliers à El Mouradia quand ils vinrent chercher l'approbation du chef de l'État algérien au moment de l'intervention militaire franco-britannique en Libye. Certes, la diplomatie algérienne n'était plus celle des grandes années, mais la voix de son président comptait et était respectée.

L'isolement actuel d'Alger face au Maroc

Or, l'Algérie de 2025 n'est évidemment pas dans une situation comparable. Pire, elle est aujourd'hui isolée face à un Maroc dont la diplomatie est de plus en plus dynamique ; au point de se demander si l'arrestation de Boualem Sansal n'est pas, en plus d'une réponse à la diplomatie française, une forme de « fuite en avant ». Regardons exactement comment Alger se situe aujourd'hui sur l'échiquier international.

Avec le Maroc, la rupture est désormais consommée. Mohamed VI avait veillé à envoyer à Alger de grands ambassadeurs proches du Palais et à même de faire passer les messages du roi au plus haut niveau. Mon collègue marocain à Alger, resté huit ans ambassadeur du Maroc, entretenait les meilleures relations avec El Mouradia. Lors du décès en 2010 de son homologue algérien en poste à Rabat, le tout puissant Larbi Belkheir[1], que l'on disait être « le parrain du régime », l'ambassadeur organisa plusieurs repas de deuil en l'honneur de la famille et des amis de l'ancien ministre de l'Intérieur du temps de la guerre civile. Aujourd'hui, les relations diplomatiques sont rompues entre les deux États voisins. La question du Sahara occidental, mais plus généralement l'activisme de Rabat sur la scène internationale et les points marqués par le Maroc en Afrique ainsi que les incessantes provocations et accusations de part et d'autre[2] de la frontière, ont abouti à ce résultat.

Les échecs sahéliens

Au sud, l'Algérie, qui voyait dans le Mali son arrière-cour, est désormais exclue, comme la France, du jeu sahélien. Le Mali avait été de tout temps une espèce de « chasse gardée »

1. Larbi Belkheir joua un rôle crucial pendant toute la guerre civile algérienne : directeur du cabinet du président Zéroual, ministre de l'Intérieur, il était considéré comme le « chef » des « éradicateurs », les partisans de la plus grande fermeté à l'encontre des islamistes.

2. Il y eut ainsi en 2023 un camion de militaires algériens attaqué au Sahara, tandis que des jet-skieurs marocains étaient arrêtés en Méditerranée le long de la ligne de démarcation des eaux territoriales.

algérienne : Bouteflika lui-même y avait été envoyé pendant la guerre, les ambassadeurs algériens au Mali étaient en général des personnalités de premier plan, comme Ahmed Ouyahia, Premier ministre à quatre reprises sous Bouteflika. La junte militaire au pouvoir à Bamako a mis fin en janvier 2024 à l'accord d'Alger signé en 2015. Bamako, depuis lors, ne cesse de se plaindre des ingérences algériennes dans ses affaires internes. Le Mali reproche en effet à Alger de soutenir des personnalités d'opposition[1], accuse son voisin de traiter le Mali comme un « paillasson », et d'avoir exporté le terrorisme islamiste au Sahel. La dénonciation des accords d'Alger en janvier 2024 constitua une sévère rebuffade pour Alger : son représentant permanent à l'ONU n'hésita pas à critiquer l'intervention de troupes étrangères comme de milices privées turques ou russes, dont Wagner, au nord du Mali. Le ton monta alors progressivement entre les voisins anciens alliés, au point que le ministre malien des Affaires étrangères, lors de la session de l'assemblée générale des Nations unies de 2024, n'hésita pas à traiter son homologue algérien ainsi que le représentant permanent algérien « d'énergumènes diplomatiques ».

1. Tel l'imam Dicko, mentionné par le président Tebboune dans son interview à *L'Opinion*.

Le danger libyen

Avec la Libye, autre voisin de l'Algérie, les choses ne vont guère mieux aujourd'hui. Longtemps Alger a observé la guerre en Libye de l'œil protecteur du grand voisin expérimenté qui se voyait en possible médiateur d'un conflit interne déstabilisateur pour la région. Bouteflika, recevant Alain Juppé en juin 2011, le mit en garde face à une intervention militaire franco-britannique contre Kadhafi, qu'il jugeait très sévèrement. Comme ambassadeur, je ne compte pas les démarches que j'ai effectuées au cours de mes deux mandats pour obtenir des informations, des explications de mes interlocuteurs algériens toujours bien renseignés sur ce pays. Le ministre des Affaires étrangères d'alors, M. Abdelkader Messahel, qui était resté onze ans ministre des Affaires africaines, ne me disait-il pas qu'il connaissait (je crois que c'était vrai) « toutes les tribus du continent africain, à l'exception, ajoutait-il, de quelques-unes au sud du Congo » ? L'Algérie se voyait médiatrice du conflit et cherchait à éliminer l'Égypte de ce rôle. Aujourd'hui, malgré la rhétorique officielle, Alger n'en est plus là. L'été 2024 a vu en effet les troupes de Saddam Haftar lancer une vaste opération militaire dans le sud et l'est libyens, près des frontières de l'Algérie et du Niger. Selon l'Armée de libération nationale libyenne, ces mouvements dans la région de la passe de Salvador ne visent qu'à sécuriser une zone de transit de migrants, de combattants djihadistes et d'armes, mais menacent également la zone frontalière. Au-delà de la crainte de voir se déclencher une nouvelle guerre civile entre Libyens, Alger redoute la pression exercée sur des frontières très sensibles, proches de ses installations stratégiques, pétrolières et gazières notamment. Le site gazier de Tiguentourine a en effet été attaqué, en 2013, par des terroristes islamistes venus du nord du Mali, via une Libye déstabilisée, et ce souvenir reste très vif pour Alger. Les autorités algériennes s'inquiètent également des soutiens et alliés de Haftar, en particulier les Émirats arabes unis, avec lesquels elles sont en froid. Autre crainte, celle de voir s'implanter des milices russes ou turques, Africa Corps ou autres, qui menaceraient la frontière algérienne et les sites pétroliers. Devant ces menaces, le gouvernement algérien a cru nécessaire de répliquer par la bouche du président Tebboune que « personne, aucun pays ne peut menacer l'Algérie ».

Ayant rompu avec Rabat, fâchée avec le Mali, inquiète des menaces libyennes, Alger n'est guère mieux lotie au plan diplomatique général, quoi qu'en dise son président. La diplomatie 2.0 de Tebboune ne brille guère par ses succès. En mars 2025, Alger a boycotté le sommet arabe sur Gaza. L'Algérie, certes, représente le troisième client de l'industrie militaire russe (avec des commandes qui représentent à peu près 15 % du total des exportations militaires de la Russie, soit l'équivalent de plusieurs milliards de dollars) ; elle est liée à la Russie par de multiples accords de coopération militaire. Mais on ne saurait oublier qu'aujourd'hui la priorité de Moscou reste la guerre en Ukraine, et non l'allié algérien. L'armée algérienne, équipée à 80 % par les armements russes, ne peut se défaire du jour au lendemain d'une telle dépendance, surtout quand le voisin marocain est activement soutenu par les États-Unis et Israël. Toujours au Mali, le soutien ukrainien aux rebelles maliens pourrait être également alimenté en sous-main par Alger, trop heureux de damer le pion à un gouvernement malien désormais hostile à l'Algérie. On aboutirait alors à ce curieux paradoxe, avec d'un côté l'Algérie, alliée officielle de la Russie, qui soutiendrait discrètement l'Ukraine, en guerre avec Moscou, afin d'aider les rebelles maliens, et de l'autre un Mali soutenu indirectement par Moscou, par l'intermédiaire du groupe Africa Corps. Étrange renversement des alliances[1]... Les ennemis de mes ennemis sont mes amis... Quelques jours plus tard, Mohamed Arkab, ministre algérien de l'Énergie, annonce la conclusion d'un accord entre l'Algérie et l'OTAN pour sécuriser les installations énergétiques de l'OTAN... alliance pourtant ennemie de Moscou.

Désillusions russes

Les efforts d'Alger pour consolider l'alliance traditionnelle avec la Russie ne semblent guère payés de retour. Le président algérien s'est pourtant rendu en visite officielle à Moscou en juin 2023, afin de consolider cette alliance et signer une « déclaration de partenariat stratégique approfondi ». Alger, qui dépend de la fourniture d'armements russes, a en effet grandement besoin de l'aide de Moscou malgré les complications du dossier malien : à l'heure où le gouvernement algérien a décidé d'augmenter son budget de défense de 120 %, le seul fournisseur de matériels

1. Quarante-huit heures après la bataille de Tin Zaouatine, Andriy Yusov, porte-parole du GUR, le service du renseignement militaire ukrainien, a déclaré que les rebelles maliens avaient « reçu des informations nécessaires, et pas seulement celles qui leur ont permis de mener une opération militaire réussie contre les criminels de guerre russes ».

militaires ne peut guère être que la Russie, bien que celle-ci ait à gérer sa guerre en Ukraine.

La priorité algérienne reste d'intégrer les BRICS+, et les efforts d'Alger en ce sens ont été intenses : la visite du président Tebboune à Moscou, sa participation au Forum économique de Saint-Pétersbourg, sa relation crispée avec Paris, et le report, à nouveau, de la visite envisagée en France au profit de celle à Moscou, sont destinées à obtenir le soutien russe dans cette opération. En novembre 2022, l'Algérie a en effet officiellement déposé une demande d'adhésion au groupe des BRICS+, créé en 2009 par le Brésil, la Russie, l'Inde, la Chine, et rejoints par l'Afrique du Sud en 2011. Pourtant, malgré l'enthousiasme affiché par le président algérien et son activisme diplomatique, l'Algérie, qui semblait sur le point d'intégrer le club du Sud, a vu sa candidature refusée lors du sommet du 22 août 2023. Alger comptait sur son potentiel géostratégique pour faire valoir sa demande, et sur ses liens forts avec l'Afrique du Sud et la Chine, sur lesquels elle pensait s'appuyer pour soutenir son adhésion aux BRICS+. Hélas, à l'Algérie furent préférés l'Iran, l'Arabie saoudite, le rival africain, l'Égypte, les Émirats arabes unis, et même l'Éthiopie. Cuisant revers pour l'Algérie, qui voit ensuite l'Indonésie rejoindre le cercle des BRICS+. Peu commenté par la presse algérienne, ou simplement présenté comme un simple repli tactique, ce refus des BRICS+ d'intégrer l'Algérie en leur sein n'en constitue pas moins un échec pour la diplomatie de Tebboune, que ne vient pas compenser, maigre consolation, son adhésion ultérieure à la banque des BRICS+. D'ailleurs, au cours de son procès, le 20 février, Boualem Sansal a été accusé par le procureur algérien d'avoir « porté atteinte à la souveraineté économique de l'Algérie » en raison d'un échange de messages ironiques avec moi-même, message retrouvé sur son téléphone, à propos de cet échec diplomatique.

Enfin, une dernière source d'inquiétude pour l'Algérie pourrait être l'absence de soutien russe à Bachar el-Assad en Syrie à la fin de l'année 2024 : si la Russie a renoncé à soutenir son plus fidèle allié au Moyen-Orient, interviendrait-elle pour aider, en cas de conflit, l'allié plus distant et lointain qu'est l'Algérie ? Grave question pour Alger au moment où le Maroc a vu revenir à la Maison-Blanche son soutien traditionnel qu'était Donald Trump.

Pour résumer, l'Algérie de 2025 n'est plus celle, conquérante, des années soixante-dix, ni celle plus réservée, mais respectée, de Bouteflika. C'est un pays « comme un autre » qui ne réussit pas à retrouver sa place sur l'échiquier mondial. L'Algérie de 2025 est donc fragilisée au plan international. Paris semble l'oublier.

La fragilité intérieure algérienne

Au plan intérieur, bien que les gouvernements européens et occidentaux restent muets sur le sujet, l'Algérie du président Tebboune montre également de grandes fragilités.

Le Hirak a bel et bien été officiellement enterré ; la contestation est terminée et le « système » algérien se présente *urbi et orbi* comme l'héritier de ce qu'il nomme le « Hirak béni », formule trompeuse simplement destinée à masquer le gigantesque détournement de pouvoir auquel a procédé « l'Algérie nouvelle ». Depuis la fin du Hirak, miraculeusement intervenue grâce à la crise de la Covid-19 (à cause de laquelle les manifestations populaires cessèrent), l'armée a repris la main. En 2019-2020, ainsi que me l'a confié le président algérien, le « système » a été ébranlé, et ses dirigeants ont pu un moment croire que leur sort serait celui qu'avaient connu Saddam Hussein, Khadafi, ou au mieux, Ben Ali ou Moubarak. Oui, le clan au pouvoir a bien eu peur, et depuis lors il est pleinement décidé, quoi qu'il en coûte, à se maintenir au pouvoir, gérer la double rente mémorielle et pétrolière, empêcher le retour du clan Bouteflika, et, par-dessus tout, empêcher toute opposition de renaître. Un clan en a simplement remplacé un autre. Ce clan ne cherche qu'à se maintenir au pouvoir.

La France, je l'ai dit, n'a pas voulu et ne veut pas voir la répression en Algérie : intellectuels mis au pas, presse fermée ou domestiquée, journalistes arrêtés, influenceurs de toutes sortes perquisitionnés et arrêtés, dissidents interpellés. La maison d'édition Frantz Fanon de Tizi Ouzou, qui avait édité un livre sur « l'Algérie juive », a été fermée, et son directeur mis sous contrôle judiciaire. Les écrivains, comme Kamel Daoud (qui pourtant a fait en 2020 une longue interview du président algérien pour l'hebdomadaire *Le Point*) ou Boualem Sansal, ont été obligés de quitter l'Algérie afin d'écrire et de publier librement en français et en France. Gallimard, leur éditeur à tous les deux, a été interdit au Salon du livre d'Alger en octobre 2024, sans aucune explication. Le roman de Kamel Daoud, *Houris*, couronné du prix Goncourt, dont l'Algérie aurait dû être fière, a été interdit en Algérie, et une grotesque mise en scène eut lieu afin de démolir l'écrivain. Le dessinateur algérien Ghilas Aïnouche s'est vu condamné à trente ans de prison, comme Boualem Sansal, au titre de l'article 87 *bis* du Code pénal, « atteinte à la sûreté de l'État » pour avoir diffusé un dessin critique du pouvoir sur les réseaux sociaux.

L'opposition politique est muselée. Les seuls partis dits d'opposition sont des partis islamistes tolérés, car désormais alliés du pouvoir, ainsi que des partis officiels qui jouent le rôle pour lequel ils sont payés. La Kabylie, région traditionnellement rebelle, est particulièrement contrôlée, et le président comme ses ministres ne s'y aventurent guère, et encore uniquement sous haute surveillance policière. Des incendies de forêt gigantesques[1] ont opportunément ravagé la région au cours des étés 2022 et 2023 ; Alger a alors cru devoir refuser l'aide française, pour accepter une aide « européenne » moins visible... Toujours en Kabylie, quarante-sept églises ont été fermées, principalement des églises protestantes ou évangéliques, qui furent de tout temps des foyers de rébellion. Tout ceci survient dans un silence assourdissant en France et en Europe. Signe de l'extrême fragilité de l'Algérie, les jeunes continuent de fuir massivement, de manière légale ou irrégulière, un pays dont Tebboune ne cesse de vanter les succès : le chômage, l'ennui, l'islamisation, la bigoterie ambiante constituent les maux de cette jeunesse qui croit naïvement trouver en Espagne ou en

1. Dont on dit qu'ils auraient pu avoir été déclenchés par des hommes de main du pouvoir.

France un mieux-vivre. Les « *harragas* » sont toujours nombreux à traverser, par désespoir, la Méditerranée, et finalement à échouer comme sans-papiers en Europe.

Depuis plusieurs mois, les grèves d'étudiants et de lycéens prospèrent, officiellement pour protester contre des programmes surchargés. En 2023, le droit de grève a été fortement limité dans « les domaines de la défense et de la sécurité nationales, ainsi que dans les secteurs stratégiques et sensibles en termes de souveraineté ou de maintien des services essentiels d'intérêt vital pour la nation ». Cette restriction, pourtant contestée par les syndicats, a, malgré les oppositions suscitées, été adoptée par le Parlement. En 2025, les étudiants des universités du Sud algérien, Béchar et Adrar, se mettent en grève, car les directions de ces universités refusent simplement la délivrance de diplômes de médecin ou d'ingénieur… par peur que les étudiants ne parviennent à poursuivre leurs études en France.

Dans ce contexte éruptif, la réélection du président Tebboune a été une opération uniquement destinée à proroger le « système » pour cinq nouvelles années. Initialement prévue en décembre 2024, l'élection présidentielle fut, sans explication, avancée au 7 septembre. Initiative du président actuel pour précipiter les choses, et en quelque sorte couper l'herbe sous le pied de ses éventuels opposants, notamment au sein de l'armée algérienne ? Initiative de l'armée qui aurait souhaité avancer la date de l'élection pour se débarrasser du chef de l'État, dernier survivant de l'ère Bouteflika, installé par le tout puissant Ahmed Gaïd Salah[1] pour succéder au président déchu en 2019 ? Temps nécessaire aux conciliabules préalables à la parfaite organisation d'une élection ? Au même moment, sans probablement connaître cette décision d'avancer la date, et tablant donc sur une élection présidentielle en décembre, l'Élysée a annoncé, par communiqué, la venue à Paris du président Tebboune en visite d'État « en septembre ou octobre, à une date à préciser ». Cette fâcheuse coïncidence des deux dates a peut-être pu constituer un élément dans la décision algérienne pour ne pas accréditer l'idée que Paris soutenait la candidature officielle.

Le président fut finalement réélu au terme d'une non-campagne menée en plein mois

1. Le général Gaïd Salah était chef d'état-major de l'armée algérienne et l'homme fort du régime pendant le Hirak : soutenant d'abord le mouvement populaire, il réussit à contraindre Bouteflika à la démission, à arrêter les anciens ministres, puis à se retourner contre le Hirak et à faire élire Abdelmadjid Tebboune en décembre 2019.

d'août. Il a en effet rempli les deux conditions nécessaires à tout candidat algérien à la présidence de la République : d'abord, être choisi et soutenu par l'armée, comme cela a toujours été le cas depuis 1965, date de la prise de pouvoir par Houari Boumédiène ; ensuite, créer un très léger « parfum de démocratie » – pas de la démocratie, évidemment risquée, mais un simple avant-goût, le minimum pour éviter la critique des gouvernements étrangers et de l'Europe. Pour cela, il fallait « organiser » l'élection, trouver des figurants, des « lièvres » comme on les appelle à Alger, qui se prêtent au jeu de l'élection, font semblant d'être candidats, semblant de faire campagne, donnent la répartie au candidat officiel en sachant qu'ils n'ont aucune chance d'être élus. Ce sont les « Marcel Barbu[1] » de l'époque, mais, dans ce théâtre démocratique, il n'y a à présent que des Barbu ! En effet, seuls deux candidats furent autorisés, un islamiste et un socialiste kabyle, ce dernier prêt à jouer le jeu pour amener, espérait-on, les Kabyles à se rendre dans les bureaux de vote le jour de l'élection[2].

1. Marcel Barbu fut candidat contre le général de Gaulle en décembre 1965.

2. Les Kabyles, traditionnellement, refusent de participer aux votes, et le taux de participation dans les bureaux de vote des deux départements de Kabylie est inférieur à 10 %.

Le président s'attribua d'abord un taux de 94,65 % des voix, taux que Bouteflika lui-même n'avait jamais réalisé. Qui pouvait sincèrement croire à un tel score, auquel même les commentateurs les plus favorables ne pouvaient souscrire ? Évidemment, à lui seul, ce chiffre soviétique annulait tout « parfum de démocratie ».

Le pouvoir s'est pris les pieds, si l'on peut dire, dans le tapis de la démocratie. Était annoncée une participation officielle de 48,03 % sur un corps électoral de 24,35 millions d'électeurs, ce qui aurait donc dû faire 11 millions de votants. Or, les résultats publiés – avec plusieurs heures de retard – donnaient 5,63 millions de votants, soit un taux réel de 23 %. Cinq millions de votes auraient ainsi disparu ? En outre, la participation a été quasiment nulle dans certaines régions : autour de 3 % dans les wilayas de Tizi Ouzou et Béjaïa en Kabylie. Au point que cette confusion dans les chiffres a conduit les directeurs de campagne des trois candidats – dont celui du président sortant, pourtant ministre de l'Intérieur – à protester auprès de l'agence chargée de l'organisation des élections pour l'opacité des chiffres publiés. Quarante-huit heures après la proclamation des résultats, le taux de participation n'était toujours pas publié !

Réélu, le président Tebboune a reçu, dans la foulée de l'élection, les plus vives félicitations des présidents syrien, turc, palestinien, tunisien et français. Il fallait vraiment que la France veuille se faire pardonner sa nouvelle idylle marocaine pour féliciter, seule parmi les pays européens, cette élection de maréchal, alors qu'en 2019, dans un contexte moins troublé, Paris n'avait fait que « prendre note » de la victoire de Tebboune.

La justice est particulièrement malmenée dans l'Algérie de Tebboune. On l'appelle la « justice du téléphone ». En effet, les magistrats de cette institution reçoivent par ligne téléphonique spéciale les instructions du verdict dictées par El Mouradia. Les procès d'opposants, notamment de militaires – dont certains, pour se venger, n'hésitent pas à citer comme témoins Boualem Boualem, tout puissant directeur de cabinet de Tebboune, ou le général Chengriha en personne –, sont légion. En février 2024, le tribunal militaire de Blida vit ainsi le colonel Bennacer, officier de la DGSE, ancien consul à Alicante, jugé pour avoir mis en cause le fils du directeur du cabinet présidentiel, appeler le chef d'état-major de l'armée, Saïd Chengriha, comme témoin.

Depuis l'automne 2024, une campagne devenue « virale » s'est étendue en Algérie autour du hashtag « Je suis mécontent[1] ». De qui les jeunes qui propagent ce hashtag sont-ils mécontents, si ce n'est du pouvoir algérien ? Ce phénomène, au départ anodin, a pris des proportions inattendues ; il est devenu un symbole de la frustration croissante des Algériens face à ce qu'ils perçoivent comme une oppression et une négligence de la part des autorités civiles et militaires. À l'approche du sixième anniversaire du début du Hirak, cette campagne sur les réseaux sociaux a valu une arrestation aux internautes qui étaient derrière, ou qui simplement retransmettaient des informations considérées comme subversives. Le poète Mohamed Tadjadit est arrêté puis condamné à cinq ans de prison au début de l'année 2025 pour avoir diffusé le hashtag « Je suis mécontent ». La voix de la France, face à tout cela, est absente.

Cette double fragilité, diplomatique et intérieure, a-t-elle pu conduire le chef de l'État à s'engager dans une folle fuite en avant ? L'arrestation de Boualem Sansal apparaît, d'une certaine façon, comme le signe du « dérèglement » du système.

1. #manichradi en arabe.

7

Les réseaux algériens en France

La nouvelle crise franco-algérienne donne l'occasion de découvrir, ou de faire mine de découvrir, l'ampleur des « réseaux algériens » en France. Là encore, pour diverses raisons, tenant vraisemblablement à la politique française, nous avons fermé les yeux, toléré et parfois encouragé ces réseaux dormants, mais éveillés, organisés et parfois agressifs.

Je ne suis pas totalement persuadé qu'existe un plan conçu, construit, imaginé à Alger pour, de façon délibérée, déstabiliser la France. Mais le fait est qu'existent dans notre pays des « relais » identifiés et puissants, que le pouvoir algérien instrumentalise. Quand le président Tebboune, dans un discours d'avril 2024, dénonçait, sans rire, les réseaux français en Algérie, « véritable cinquième colonne », disait-il, sans doute avait-il en tête le modèle algérien sur notre territoire.

Ces réseaux algériens, l'opinion publique les découvre à l'occasion de l'affaire Boualem Sansal. Il y a des réseaux officiels et des relais officieux, et, dans la pratique, plusieurs cercles : le premier cercle est fait des services officiels, ambassade et consulats, le deuxième, des réseaux de la communauté algérienne, le troisième est celui de la grande mosquée de Paris, le quatrième est formé par les associations d'amitié, et le dernier par ce qu'on appelle aujourd'hui les « influenceurs ».

Ambassade et consulats d'Algérie

Le premier cercle, celui des réseaux officiels, est évidemment le réseau diplomatique et consulaire : une ambassade d'Algérie à Paris, dirigée de tout temps par un ambassadeur proche du pouvoir algérien. J'ai connu au moins quatre ambassadeurs, dont le sympathique Missoum Sbih lorsque j'étais son homologue à Alger, pendant huit ans. Il avait été directeur de l'ENA algérienne, professeur de Bouteflika, ambassadeur au Canada. Affable, très aimable, il était pour moi, comme pour le Quai d'Orsay, un interlocuteur de grande qualité. Suivirent des chefs de poste au profil plus rugueux, les ambassadeurs Bendjemaa (aujourd'hui, après une période de disgrâce, représentant permanent de l'Algérie à l'ONU), colosse qui ne cessait d'aboyer, et son successeur l'ambassadeur Mesdoua, particulièrement désagréable, qui n'hésitait pas à dénoncer mon travail auprès du ministre français des Affaires étrangères ; enfin Saïd Moussi, le dernier, très proche de Tebboune, qui a été successivement chargé d'affaires puis consul général d'Algérie à Paris. Dans cette galerie des portraits, l'ambassadeur Lebdioui (2019-2021), comme l'ambassadeur Sbih, essayaient de mettre de l'huile dans les rouages tout en défendant les positions algériennes.

Existe à l'ambassade d'Algérie un service chargé officiellement de la sécurité, dépendant du Département du renseignement et de la sécurité algérien (DRS) : vu la puissance de ce service sur le territoire algérien et son rôle dans la vie politique nationale, le représentant du DRS, tout-puissant, entretient des relations avec ses homologues français[1], mais surtout surveille les contacts et l'action des diplomates algériens, tout comme ceux des consulats et des mosquées. Le chef de ce bureau de l'ambassade est donc craint ; il court-circuite l'ambassadeur et ne répond qu'à ses supérieurs à Alger. Sid

1. DGSI et DGSE.

Ahmed Ghozali[1], ancien ambassadeur à Paris après avoir été Premier ministre, au moment des premières élections libres en Algérie et jusqu'à l'assassinat du président Boudiaf, m'a raconté la toute-puissance du DRS dans ses deux expériences politiques. L'actuel patron des « services » algériens (services de renseignement) est aujourd'hui l'ancien responsable du DRS à Paris : après avoir dirigé l'antenne du DRS à l'ambassade d'Algérie à Berlin, où il avait montré son efficacité en organisant les soins prodigués au président Tebboune atteint de la Covid-19 en 2020, ce dernier le bombarda à Paris. Récompensé par ce poste, il fut ensuite nommé à la tête des services de renseignement algériens, après avoir été promu général, en juillet 2024.

Le consul général d'Algérie à Paris est également un homme important dans ce dispositif. Là aussi, l'Algérie a souvent été représentée par des personnalités politiques de premier plan. Le consul général, Meziane Chérif, après avoir été *wali*[2], notamment à Alger, ministre de l'Intérieur pendant la décennie noire, puis ambassadeur en République tchèque, resta plus de

1. Sid Ahmed Ghozali vient de décéder à l'heure où j'écris ces lignes, en février 2025.

2. Équivalent de préfet en France.

six ans consul général à Paris. Il était proche des cercles sarkozystes. Saïd Moussi, plus tard ambassadeur à Paris, passa aussi par la case « consulat d'Algérie ». Mohamed Kébir Abdou, que je connus comme *wali* d'Alger jusqu'en 2013, devint ensuite consul général à Paris, tandis que son successeur, le *wali* Zouk, finit, lui, sa carrière en prison...

Les consulats d'Algérie, autres que celui de Paris, figurent évidemment au premier rang des réseaux algériens : judicieusement répartis, ils irriguent le territoire français, surveillent les communautés algériennes, essaient de les organiser, et même de les noyauter, et ont un œil particulièrement vigilant sur les Kabyles algériens, considérés comme dissidents. À ces postes stratégiques sont aussi nommés soit des diplomates de carrière qui recherchent, pour des raisons familiales notamment, une affectation en France, soit des officiers[1] : tous sont des personnalités politiquement « sûres », tant le rôle discret des consulats est important. Peuvent ainsi être recasés des proches, des amis, y compris à des fonctions subalternes[2], mais qui bénéficient ainsi d'une affectation durable en

1. Le président algérien a promulgué une loi en 2024 ouvrant la haute fonction publique aux officiers militaires algériens.

2. Des membres de la famille du chef d'état-major algérien, le général Chengriha, seraient, dit-on, en fonction en France.

France, en échange, cela va sans dire, de bons et loyaux services.

La France, pour sa part, dispose en Algérie de trois consulats généraux (Alger, Oran, Annaba) et de cinq instituts français, ces centres culturels chargés de donner des cours de français et de valider les tests de langue organisés soit par la France, soit par le Canada. En France, l'Algérie disposait de dix-huit consulats jusqu'en 2023, date à laquelle, sans aucune contrepartie, le ministre de l'Intérieur d'alors autorisa, comme on l'a dit, la création de deux consulats supplémentaires, à Rouen et à Melun.

La prise en main de la communauté algérienne de France

La communauté algérienne en France est forte de plus de 2,6 millions de personnes. Appartiennent à cette communauté trois groupes : les Algériens dits « mononationaux », y compris ceux en situation irrégulière, les binationaux et, enfin, les Français d'origine algérienne (mais n'ayant pas effectué les démarches pour obtenir un passeport algérien, donc juridiquement uniquement Français) puisqu'en effet un Algérien est censé ne pas perdre sa nationalité. Il s'agit de la plus forte population étrangère sur notre territoire. Elle représentait 646 462 titres de séjour en 2023[1]. Toutefois, elle constitue une population hétérogène, en raison de sa plus ou moins grande ancienneté, d'implantations diverses et d'un degré très variable d'assimilation. Sur ces 2,6 millions de personnes, environ 815 000 sont inscrites sur les listes électorales algériennes. Elles sont connues, recensées, démarchées par les consulats. Il s'agit donc pour ces derniers de surveiller et de mobiliser cette population, et de la transformer en un soutien au président algérien. Sur ce plan, cette mobilisation peut être considérée comme un échec, puisque, lors des dernières élections algériennes, la participation électorale, malgré les efforts des consulats, ne dépassa pas 3 %.

Longtemps le pouvoir algérien a négligé cette communauté, divisée, hétérogène, plus ou moins intégrée et dispersée. Contrairement à la Turquie ou au Maroc, l'Algérie n'avait que peu de pouvoir sur elle. Mais le président Tebboune a compris l'importance de la diaspora algérienne ; il a clairement manifesté la volonté de l'organiser et de la structurer pour en faire un relais de son pouvoir, mais également – ce qui est grave pour nous – un levier sur

1. Ministère de l'Intérieur, *Chiffres clés de l'immigration 2023*.

la politique intérieure française. Le président Tebboune est donc le grand architecte de cette politique, Bouteflika, avant lui, se reposant sur les leviers classiques de ses bureaux du DRS, sans forcément instrumentaliser la communauté algérienne. Le 21 mars 2021, le président algérien a ainsi installé l'Observatoire national de la société civile (ONSC), qui ambitionne d'incarner la voix du peuple auprès de la présidence, mais surtout de se faire le relais des priorités de la présidence à destination de la diaspora algérienne en France.

En mars 2024, le président algérien, poursuivant sur sa lancée, et en vue de l'élection présidentielle algérienne à laquelle il comptait se représenter, a confié à Karim Zeribi, ancien député français au Parlement européen et parfois journaliste, le soin de créer un Conseil mondial de la diaspora algérienne (CMDA), dont le rôle serait de structurer les communautés algériennes à l'étranger. C'est de fait une stratégie bien organisée du côté algérien.

Les réseaux religieux

La grande mosquée de Paris, inaugurée en 1926, fut construite grâce à un don du sultan du Maroc pour remercier les musulmans de l'Empire d'avoir participé aux combats de la Première Guerre mondiale. Elle fut longtemps dirigée par Dalil Boubakeur, recteur de la mosquée entre 1992 et 2020, lui-même ayant succédé à son père, Si Hamza Boubakeur. Ce dernier s'était prononcé en faveur de l'Algérie française et avait dirigé avec bonhomie la grande mosquée de Paris. Les statuts de celle-ci donnent à l'Algérie depuis 1982 – date à laquelle Gaston Defferre, alors ministre de l'Intérieur, a transféré le financement de la mosquée à l'Algérie – un rôle clé qui lui permet de passer outre l'accord du ministre français de l'Intérieur, chargé des cultes. C'est ainsi qu'en 2020 fut nommé Chems-Eddine Hafiz, avocat franco-algérien. Élu, il s'empressa d'aller à Alger chercher ses instructions auprès du président algérien et me rendit à cette occasion visite à l'ambassade, à Hydra, le même jour[1]. Il gagna sa nomination contre le théologien Ghaleb Bencheikh, président de la Fondation de l'islam en France, homme responsable et respecté.

Tandis que, traditionnellement, le recteur de la mosquée était un de ces sympathiques

1. Dans une interview à *L'Opinion*, à la suite de l'enquête faite par ce journal sur les réseaux financiers de la mosquée, le recteur eut le toupet d'affirmer qu'il ne m'avait jamais rencontré !

notables de la communauté religieuse, le recteur actuel se veut le « chef » du réseau d'influence au service du président Tebboune. Contrairement à son prédécesseur Dalil Boubakeur qui assumait son rôle dans sa dimension religieuse, le Dr Hafiz n'hésite pas, pour ce qui le concerne, à faire de la politique sous couvert de son rôle religieux. Véritable « ambassadeur *bis* » de l'Algérie, il utilise tous les moyens à sa disposition pour intervenir dans le débat politique français, en n'hésitant pas, par exemple, à recevoir Mme Rima Hassan à la mosquée lors de la campagne pour les élections européennes et législatives, en diffusant abondamment ses propos sur les réseaux sociaux, en mettant en garde les électeurs français ou binationaux contre un vote Rassemblement national (RN), etc. Qu'aurait-on dit si le cardinal-archevêque d'Alger, Mgr Vesco, avait ainsi pris position sur les choix politiques à faire en Algérie et donné des consignes de vote aux électeurs franco-algériens ? Pourtant Chems-Eddine Hafiz et Jean-Paul Vesco ont exactement le même statut : binationaux tous les deux, ils sont l'un comme l'autre des autorités religieuses écoutées dans le pays où ils résident. En 2024, le recteur a franchi une étape supplémentaire en prenant la tête du « comité national de soutien à la réélection du président Tebboune ». Le cardinal-archevêque d'Alger, lui, s'est bien gardé de présider le comité de soutien à Emmanuel Macron ou à un autre candidat ! Ce mélange des genres et des fonctions, ces interventions dans la politique française ne lui ont cependant valu aucune remarque de la part des autorités françaises. Début 2025, le journal *L'Opinion* dévoila enfin le pouvoir financier occulte de la grande mosquée de Paris et de son recteur : un accord de 2022, entré en vigueur l'année suivante, conclu entre Tebboune et le recteur de la mosquée de Paris, confie à celui-ci le monopole de la certification halal pour tous les produits français mais aussi européens à destination de l'Algérie. Concrètement, ainsi que l'explique le journal, les produits relevant d'une liste établie à Alger par le ministère du Commerce, doivent être accompagnés d'un document de la grande mosquée de Paris certifiant leur caractère halal. Évidemment aucun contrôle réel n'a lieu, la grande mosquée de Paris n'ayant pas les moyens de vérifier les produits estoniens, danois ou espagnols exportés vers Alger ! La mosquée se contente de délivrer – contre un paiement hors de tout contrôle – un certificat. Il faut évidemment se demander de quel droit les décisions du président Tebboune ont de la sorte une valeur extraterritoriale et s'appliquent en

France en contradiction avec les textes français et européens ? Ce prélèvement, sorte de dîme ou de droit de douane, est évidemment contesté par les entreprises qui ne comprennent pas l'absence de fondement légal ou international à ce qui s'apparente à une taxe privée. Enfin, si les montants en cause sont à peu près connus grâce à l'article de *L'Opinion*, l'utilisation des fonds est, quant à elle, bien plus mystérieuse : servent-ils au train de vie du recteur ou de ses proches ? à financer – hors de tout contrôle – des associations, voire des candidats aux élections ? On ne le sait pas à ce stade. Mais il est paradoxal que les pouvoirs publics français qui ont connaissance de ce système financier occulte n'aient rien dit à l'époque de sa mise en place. Faiblesse de notre part ? Le recteur ne cesse d'affirmer dans ses différents messages sur les réseaux sociaux qu'il ne fait qu'œuvre religieuse et travaille sans relâche pour la paix du monde. Il devrait non seulement le dire, mais surtout le faire. De même donne-t-il par ces interviews l'impression que la grande mosquée de Paris est une propriété algérienne, ce qui est manifestement faux. La mosquée a, en effet, été construite après la Première Guerre mondiale, on l'a dit, grâce à des fonds du Maroc ; depuis 1921, elle est régie par la Société des Habous et Lieux Saints de l'islam, une association régie par la loi de 1901, société religieuse qui avait à l'époque son siège à Alger et qui est propriétaire de l'édifice à la suite d'une donation de la Ville de Paris. En 1982, Gaston Defferre décida que la mosquée serait désormais financée non plus par la France, mais par le budget algérien du ministère des Affaires religieuses, ce qui est sans doute une mauvaise solution, puisque la France n'exerce aucun contrôle sur ce financement. Il n'existe aucun accord ni aucune disposition statutaire aux termes desquels le recteur de la grande mosquée de Paris doive être obligatoirement originaire d'un État du Maghreb et encore moins algérien. Le fait est que l'actuel recteur considère qu'il s'agit d'une « propriété » algérienne, quasiment extraterritoriale.

Les associations algériennes

Dans le quatrième cercle de ces réseaux figurent les multiples associations qui constituent autant de relais actifs de l'Algérie en France. On peut citer par exemple deux associations dont le rôle pro-algérien est évident. Il s'agit de l'Amitié franco-algérienne (AFA) et de l'Union française des binationaux et de la diaspora algérienne. Les deux associations ont été créées respectivement le 30 mai et le 14 juin 2023, soit, simple fruit du hasard sans doute, à quinze jours d'intervalle. Sur son site web, l'Union française des binationaux et de la diaspora algérienne évoque, à côté d'une image d'Ali la Pointe[1], sa mission de « préserver notre identité et de renforcer notre unité en tant que peuple algérien résidant en France ». Aucune information n'est communiquée sur l'identité du ou des dirigeant(s) de cette association, seule une adresse de siège social est communiquée et renvoie à l'annuaire des entreprises. Sur les réseaux sociaux, notamment X où elle possède un compte certifié suivi par plus de 26 000 abonnés, cette association relaie la propagande du régime algérien et va jusqu'à s'en prendre à des membres du gouvernement français. Comme son binôme, l'Amitié franco-algérienne (AFA) n'utilise pas le nom choisi pour sa création et officie sous l'appellation Fédération franco-algérienne de la consolidation et du renouveau (FFA). Contrairement à l'Union algérienne, l'AFA publie la liste des membres de son conseil d'administration, la présidente étant Karima Khatim, élue locale La France insoumise (LFI)

1. Combattant du FLN, Ali la Pointe est considéré comme un héros national pour son rôle joué pendant la bataille d'Alger au cours de laquelle il fut tué en 1957.

en Seine-Saint-Denis. Les autres membres du conseil d'administration sont quasiment tous des élus, à l'instar de Mehdi Messai, élu municipal à Stains et vice-président de l'association.

Il est étonnant que ces associations aient été mentionnées par les médias d'État algériens avant même leur création officielle, comme si Alger en avait eu connaissance par avance… En effet, le 16 mai 2023, soit deux semaines avant sa création officielle, le journal *El Moudjahid* mentionna l'existence de l'association Amitié franco-algérienne, soulignant que son rôle devait être de « contribuer pleinement à soutenir haut et fort la concrétisation du projet de l'Algérie nouvelle, initié par le président de la République Abdelmadjid Tebboune[1] ». Il était ainsi clairement indiqué que cette association déclarée en France avait pour objectif d'appliquer la feuille de route du président algérien.

Par ailleurs, Karima Khatim, présidente de l'AFA, n'a pas hésité à instrumentaliser, tout comme le régime algérien, la mort de Nahel Merzouk à l'été 2023, en dénonçant un « racisme systémique en France ». D'autres structures existent, comme le Mouvement dynamique des

1. F. Issa,« Association d'amitié franco-algérienne : rencontre [sur] le thème "Diplomatie de la société civile, enjeux et perspectives" », *El Moudjahid*, 16 mai 2023.

Algériens de France (MOUDAF), créé à Lyon en octobre 2019, dont l'objectif n'est pas clairement défini, si ce n'est de « rassembler » les Algériens.

Le pouvoir algérien peut également s'appuyer sur un vaste réseau d'élus dans les municipalités ou diverses instances électives. La conquête de municipalités et l'intrusion dans la politique française semblent de fait constituer un objectif nouveau pour le pouvoir algérien.

Les « influenceurs »

Enfin, le dernier cercle d'influence est plus large et moins structuré. Il s'agit du cercle des « influenceurs », dont l'opinion publique française a découvert l'importance lorsque plusieurs d'entre eux ont été arrêtés au début de l'année 2025. Le recours à des agents d'influence isolés pourrait correspondre à une stratégie mise au point à Alger. En 2017, la Direction centrale de l'information opérationnelle (DCIO), pilotée par le général Boualem Mahdi, a déjà lancé une étude destinée à voir comment influencer les Algériens de l'étranger par le biais des réseaux sociaux. Cette étude avait pour objectif de comprendre comment les réseaux terroristes étaient parvenus à influencer les jeunes

Occidentaux (Américains et Européens), notamment ceux issus de l'immigration. La DCIO a étudié l'action de la première « revue terroriste » à s'adresser à l'Occident, *Inspire*, un média en ligne d'AQPA (Al-Qaïda en péninsule arabique), éditée en anglais en 2010 sous l'impulsion du premier chef du groupe terroriste, Nasser Al-Wahishi. Dans ce travail de réflexion, l'armée algérienne s'est intéressée à la communication de l'État islamique à travers la revue *Dabiq* – remplacée depuis septembre 2016 par le magazine *Rumiyah* : comment ces groupes terroristes ont-ils réussi à recruter des djihadistes par une stratégie de communication à laquelle finalement les pays occidentaux n'étaient pas habitués ? La DCIO était intriguée par l'idée que des écrits puissent finir par endoctriner des jeunes jusqu'à les pousser à commettre des attentats kamikazes.

Cette étude a permis à l'armée algérienne de comprendre plusieurs choses. D'abord que les personnes issues de l'immigration, notamment celles dont les parents ou grands-parents viennent de pays musulmans, constituent des proies faciles en raison de la crise identitaire qu'elles vivent. Le succès d'*Inspire*, comme celui de *Dabiq*, reposait sur le mal-être et la mentalité victimaire des diasporas. Leur dicter l'idée de vengeance et de gloire donnait un sens à leur existence. Cette stratégie de communication avait été si bien conçue qu'elle était même parvenue à influencer des Occidentaux pourtant non issus de l'immigration.

L'armée algérienne, grâce à ces travaux, a compris aussi qu'en adaptant son discours et en utilisant les bons relais, elle pourrait intervenir de l'autre côté de la Méditerranée. En août 2022, le régime a annoncé une sorte de loi d'amnistie à destination des opposants au pouvoir qui souhaitaient se « repentir » et rentrer en Algérie. C'est à ce moment-là qu'apparurent des groupes d'activistes pro-régime qui se mirent à chanter les louanges de cette proposition algérienne sur le réseau social TikTok et à menacer ceux qui, parmi les Algériens de France, critiquaient le régime. En examinant les vagues d'arrestations opérées en France depuis le début de l'année 2025, on peut distinguer deux profils.

Le premier groupe pourrait être appelé celui des « loups solitaires », parmi lesquels on peut citer :

– Zazou Youcef (à Brest) : jeune sans-papiers suivi par 400 000 followers, qui, à la fin de l'année 2024, après la diffusion du hashtag « Je suis mécontent », a imaginé un contre-hashtag « Je suis avec mon pays », menaçant ceux qui voudraient manifester contre le régime algérien. Il a été interpellé le 3 janvier 2025 ;

– Imad Tintin (à Grenoble) : suivi par 70 000 « followers » sur TikTok. Ce clandestin s'est également attaqué au hashtag « Je suis mécontent ». Le profil de cet influenceur ne peut qu'étonner puisqu'il s'agit d'un ex-militaire, sans-papiers en France ;

– Laksas06 (à Lyon) : cet influenceur a propagé une vidéo (visionnée 1,5 million de fois) dans laquelle il mentionne les « soldats dormants de l'Algérie en France ».

Le second est composé d'influenceurs qui semblent être mieux instrumentalisés par le régime algérien. Tel est le cas d'« Ami Boualem », dit « Doualemn », dénoncé par le maire de Montpellier, expulsé en Algérie et finalement refoulé par la police aux frontières algériennes, au nom du « respect des garanties de la défense en France »... Le groupe d'« Ami Boualem » a organisé une manifestation à Paris le 19 mars 2023 en soutien au régime algérien, au cours de laquelle ont été lancés notamment des appels au meurtre des opposants au président Tebboune.

Faut-il voir un lien entre ces différents cercles ? La question mérite en effet d'être posée, même si je ne crois pas vraiment à un plan organisé à Alger pour déstabiliser la France. Le fait est que l'on retrouve dans le comité national de soutien pour la réélection du président Tebboune le recteur de la grande mosquée de Paris, une élue de Marseille, l'ancienne sénatrice Samia Ghali, ainsi que le « chef » des influenceurs, Mehdi Ghezzar, personnage fantasque, mais jouant un rôle non négligeable. Mehdi Ghezzar, en effet, a été exclu de l'émission *Les Grandes Gueules* sur RMC pour des propos antisémites et anti-marocains. Il est, depuis, soit à Alger, où il intervient bruyamment sur la chaîne AL24 News, soit en France, où il réunit autour de lui les différents « influenceurs », qu'il n'hésite pas à inviter à se transformer en « moudjahidine 2.0 ». En décembre 2024, Mehdi Ghezzar accusait ainsi Boualem Sansal et Kamel Daoud d'être « des agents de déstabilisation de l'Algérie, payés par des nostalgiques de l'Algérie française[1] ».

On pourrait mentionner, en dehors de ces réseaux algériens, des conseillers de l'Élysée comme Benjamin Stora, même si bien évidemment il n'appartient à aucune des catégories précédentes. Il est, par son passé et sa notoriété, une catégorie en soi. Fort de sa compétence d'historien et de sa connaissance profonde de l'Algérie, il a été un des conseillers officieux de

1. *L'Express* du 23 janvier 2025.

François Hollande, comme ensuite d'Emmanuel Macron. Sa réaction à l'arrestation de Boualem Sansal, semblant excuser Alger pour cet emprisonnement, a été jugée incompréhensible par de nombreux Français. Il camouflait ainsi sa méfiance vis-à-vis de l'écrivain franco-algérien par une affirmation historique sur les frontières de l'Algérie et du Maroc. Il crut se racheter en adhérant au comité de soutien à Boualem Sansal, comme pour montrer sa neutralité. Mais quelques jours plus tard, il récidiva en appelant le gouvernement français à revenir sur la reconnaissance du Sahara marocain. Le passé trotskiste[1] de l'historien ne manque pas d'interpeller sur son rôle exact. Mais, au-delà, Benjamin Stora a influencé au moins deux présidents de la République dans un sens favorable à l'Algérie. On serait tenté de reprendre à son sujet la description que fait Chateaubriand de Talleyrand : « Il prit son rôle pour son génie ; il se crut prophète en se trompant sur tout ; son autorité n'avait aucune valeur en matière d'avenir. » Il se considère comme le « pape » de l'histoire algérienne, et comme tout pape, se

1. De 1968 à 1984, Benjamin Stora fut membre de l'Alliance des jeunes pour le socialisme, groupe trotskiste dépendant de l'Organisation communiste internationaliste dirigée par Pierre Lambert. Il fut permanent de l'OCI de 1976 à 1981, ainsi qu'il le raconte dans ses mémoires.

pense infaillible. Il n'est sans doute pas le seul dans ce cas, mais compte tenu de sa notoriété, de la confiance que les autorités algériennes lui accordent, sa responsabilité est grande dans l'attitude française à l'égard d'Alger.

8

Le nouveau débat sur l'immigration algérienne

À l'occasion de l'affaire Boualem Sansal, les Français ont découvert l'importance du débat sur l'immigration algérienne, en raison de la « récupération » d'une partie de la population algérienne par le régime. Déjà, en mai 2023, lorsque la Fondapol a publié la note que j'avais alors rédigée sur l'accord franco-algérien du 27 décembre 1968, une large partie de la classe politique[1] a immédiatement repris mon argumentation, et plusieurs médias (*Le Figaro*, *L'Express*, *Le Point*, etc.) largement diffusé des extraits de cette note et commenté les différents angles.

Deux événements ont contribué à relancer le débat à la fin 2024 et au début 2025. D'une

1. Édouard Philippe, dès la semaine qui a suivi la publication de la note, puis Nicolas Sarkozy, Jordan Bardella, Éric Ciotti, Éric Zemmour, etc., ont lancé le débat.

part, l'entrée du sénateur de Vendée, Bruno Retailleau, au gouvernement, d'abord ministre de l'Intérieur dans le gouvernement Barnier, puis ministre d'État, ministre de l'Intérieur dans le gouvernement Bayrou. À plusieurs reprises, il a repris et développé l'idée qu'il fallait revenir sur l'accord franco-algérien du 27 décembre 1968, et si possible l'abroger, tout en reconnaissant qu'en tant que ministre de l'Intérieur sa marge de manœuvre était limitée, une telle décision dépendant largement du président de la République. Son prédécesseur, Gérald Darmanin, n'avait, quant à lui, peut-être pour des raisons de politique intérieure, cessé de dire qu'une telle dénonciation n'était pas la solution, quitte à utiliser des arguments parfois spécieux[1].

D'autre part, la classe politique, quasiment dans son ensemble, à l'occasion du refoulement d'un des influenceurs expulsés en Algérie, le dénommé Doualemn, pourtant titulaire d'un passeport algérien, a découvert le comportement hypocrite d'Alger, qui ne cesse de critiquer la politique migratoire française, en visant notamment le ministre de l'Intérieur et en attaquant

1. Comme l'argument selon lequel l'abrogation de l'accord de 1968 nous ramènerait *ipso facto* à la libre circulation prévue dans les accords d'Évian. Cf. *infra*.

la France dans ses divers communiqués[1]. Le moindre de ces revirements n'est pas celui de l'ancien Premier ministre, Gabriel Attal qui, début janvier 2025, s'est prononcé dans une tribune au *Figaro* en faveur de la dénonciation de l'accord franco-algérien, alors que dans ses fonctions précédentes il s'était montré plutôt hostile à une telle mesure.

Ces deux éléments ont ainsi ouvert un nouveau débat sur l'immigration algérienne. Essayons d'en analyser les éléments.

L'accord franco-algérien du 27 décembre 1968 est important pour trois raisons.

La première est que, dans l'ordre juridique interne français, les traités internationaux régulièrement ratifiés ou approuvés ont une valeur juridique inférieure à la Constitution, mais supérieure aux lois, selon l'article 56 de la Constitution. Dès lors, les Algériens, s'agissant des conditions de circulation et d'installation en France, sont régis exclusivement par l'accord franco-algérien du 27 décembre 1968 « relatif à la circulation, à l'emploi et au séjour des ressortissants algériens et de leurs familles ». Les juges, administratifs (Conseil d'État) ou judiciaires, rappellent régulièrement

1. Notamment les communiqués du ministère algérien des Affaires étrangères des 11 janvier, 26 et 27 février 2025.

cette spécificité algérienne. Ceci implique que les Algériens échappent largement aux lois votées par le Parlement.

La deuxième raison de son importance est que l'accord de 1968 a une sorte de « valeur » historique importante du fait de son origine et de sa filiation avec les accords d'Évian. L'accord franco-algérien du 27 décembre 1968 visait à combler un « vide juridique » créé par les accords d'Évian. Ceux-ci avaient prévu, en effet, la liberté de circulation entre les deux rives de la Méditerranée. Elle allait se faire au profit principalement, pensait-on au cours des négociations de 1961-1962, des pieds-noirs qui allaient rester en Algérie après l'indépendance et qui, même si vivant en Algérie et ayant opté pour la nationalité algérienne, allaient devoir, pour des raisons évidentes, pouvoir circuler entre les deux pays, celui désormais indépendant où ils vivaient et celui de leur famille. C'est le départ massif des pieds-noirs en juillet 1962 qui rendit obsolète cette clause de libre circulation, la grande majorité des Français d'Algérie étant désormais installés en France. De ce fait, la liberté de circulation instituée à Évian n'allait plus bénéficier qu'aux Algériens puisque, par hypothèse, les Français ne viendraient pas s'installer en Algérie. Pour sortir de cette situation unilatérale, les deux gouvernements négocièrent alors un nouveau texte, plus restrictif que les accords d'Évian, l'accord du 27 décembre 1968, qui confère aux Algériens des conditions moins favorables que la liberté de circulation prévue en 1962, mais plus favorables que le droit commun des étrangers.

Enfin, la troisième raison de l'importance de cet accord réside dans les avantages qu'ont obtenus les Algériens en 1968 et qui sont toujours valables. L'accord, on l'a dit, est un compromis entre les dispositions des accords d'Évian et le droit commun ; il prévoit des clauses particulièrement favorables – qui s'appliquent toujours en 2025 – au profit des Algériens et de leurs familles en vue de leur installation en France. L'accord de 1968 favorise fondamentalement l'immigration familiale au détriment de l'immigration de travail en accordant aux Algériens des avantages que n'ont pas les autres nationalités.

Parmi ces exceptions, on peut ainsi noter les suivantes :

– alors que les conjoints d'étrangers ont besoin d'un visa de long séjour (VLS) pour venir en France, les conjoints algériens peuvent venir en France avec un simple visa touristique (visa de court séjour) ; ils obtiennent une carte de résident de dix ans au bout d'un an de vie commune contre trois ans pour les étrangers non algériens ; de même, les ascendants ou descendants algériens à charge n'ont pas besoin d'un visa de long séjour pour venir en France : un visa touristique (court séjour) suffit pour rejoindre leur famille et demander ensuite un titre de séjour de dix ans ;

– un titre de séjour « vie privée et familiale » est délivré à un conjoint (algérien) de Français de droit sans que puisse être exigée l'obligation de vie commune, cette exigence peut être faite seulement lors du renouvellement ;

– un certificat de résidence est accordé de plein droit à un Algérien ascendant direct d'un enfant français. Le parent algérien n'a pas à démontrer qu'il subvient aux besoins de l'enfant, contrairement aux autres étrangers ;

– un Algérien né en France et qui y réside huit ans de façon continue a droit au certificat de résidence ;

– en matière de regroupement familial, les membres de la famille d'un Algérien résident venus dans le cadre du regroupement familial obtiennent automatiquement la carte de séjour de dix ans, les autres étrangers n'obtenant qu'une carte d'un an renouvelable. Par ailleurs, le regroupement familial peut être demandé au bout de douze mois de présence en France, contre dix-huit pour les autres nationalités ;

– tout Algérien ayant résidé en France avant l'âge de dix ans a droit à une carte de séjour de dix ans ;

– les conditions exigées sont également plus favorables pour les Algériens, notamment celles en matière de vie commune (délai de douze mois au lieu des dix-huit exigés pour les autres nationalités) et de ressources financières ;

– par dérogation, les étudiants algériens peuvent demander un visa « commerçant » et créer une entreprise aux mêmes conditions que les Français, c'est-à-dire sans que l'administration vérifie l'effectivité de la viabilité de l'entreprise. Cette disposition est évidemment à l'origine de nombreuses fraudes, puisque le statut d'autoentrepreneur permet de devenir « commerçant » sans vérification ni contrôle de la part de l'administration ;

– tout jeune Algérien de moins de dix-huit ans qui souhaite résider plus de trois mois en France n'a pas besoin d'un certificat de résidence ;

– les accords ne prévoient aucune possibilité de retrait du titre de séjour, sauf par le juge en cas de fraude, et si l'administration démontre la fraude : l'accord de 1968 est en effet le seul texte français qui autorise le renouvellement automatique du titre de séjour délivré à un étranger. Le trouble à l'ordre public n'est pas opposable. Le seul cas envisageable de retrait est l'obtention frauduleuse du titre ou l'absence de titre pendant plus de trois ans ;

– un Algérien sans papiers doit simplement pouvoir justifier d'une résidence en France depuis dix ans pour obtenir sa régularisation. De même, le conjoint algérien sans papiers d'un ressortissant français n'a pas besoin d'un visa de long séjour pour obtenir sa régularisation ;

– dernière particularité : la France reconnaît la *kafala* par l'accord de 1968. La *kafala* est un acte judiciaire algérien par lequel une personne X s'engage à recueillir un enfant mineur Y (sans qu'il y ait adoption plénière) et à pourvoir à ses besoins d'entretien et d'éducation. Procédure de droit islamique, la *kafala* crée des droits particuliers dans l'accord de 1968, ce dernier étendant le regroupement familial aux membres de la famille de l'enfant qui fait l'objet d'une *kafala*. Reconnue par le juge français par un arrêt du Conseil d'État en 1989, la *kafala* est à l'origine de nombreuses fraudes, comme j'ai pu le voir à Alger.

On voit donc que, quel que soit son statut, touriste, étudiant, salarié, visa simple ou visa de circulation qui permet des entrées multiples, le visa de court séjour est le sésame permettant l'installation en France. L'accord de 1968, on l'oublie, est un accord sur l'installation des Algériens en France, et non un accord sur la circulation, et encore moins un accord sur le « retour » des Algériens en situation irrégulière.

L'immigration familiale algérienne représente plus de 60 % des premiers titres de séjour délivrés contre 40 % pour les ressortissants tunisiens et marocains. Les Algériens représentent donc le plus fort contingent de migrants qui viennent pour des raisons familiales et non professionnelles. Elle est, selon l'Insee, la première nationalité étrangère en France.

Le général de Gaulle se demandait d'ailleurs devant Alain Peyrefitte s'il ne convenait pas de modifier les accords d'Évian sur la question de la circulation des personnes.

Près de soixante ans après sa signature, et même si le texte a été modifié depuis, l'accord franco-algérien de 1968 reste très avantageux pour les Algériens, qui bénéficient ainsi d'immenses privilèges dont ils savent jouer. Un changement majeur est certes intervenu en 1986, avec l'exigence, pour l'ensemble des pays étrangers, d'un visa en vue d'une entrée sur le territoire français. Cette obligation fut, par la suite, assouplie par la France ou supprimée pour les citoyens de nombreux pays étrangers, mais maintenue pour les États du Maghreb et certains autres pays considérés comme présentant un risque migratoire. Dès lors, l'obtention d'un visa est aujourd'hui la clé de la circulation et de l'installation d'un Algérien en France.

La note précitée de la Fondapol concluait à la nécessité, compte tenu du contexte lié à l'immigration en France, de mettre fin aux avantages dont bénéficient encore aujourd'hui les ressortissants algériens. Ces avantages sont évidemment la raison pour laquelle le gouvernement algérien est tant attaché à ce texte et l'a fait savoir : il ne veut pas que ses ressortissants entrent dans le droit commun, il veut montrer son statut supérieur à celui des voisins marocains, il sait enfin que les failles de l'accord de 1968 permettent à une partie non négligeable de la population de s'installer subrepticement chez l'ancien colonisateur. Quelle revanche de l'histoire ! Le président algérien déclara d'ailleurs dans une interview au *Figaro*[1], avant la visite qu'il devait effectuer à Paris et qui n'a pas

1. Interview du président algérien dans *Le Figaro* du 29 décembre 2023 par Yves Thréard. Le président algérien y déclare notamment : « La circulation des personnes entre nos deux pays a été réglée par les accords d'Évian de 1962 et l'accord de 1968. Il y a une spécificité algérienne même par rapport aux autres pays maghrébins. Elle a été négociée et il convient de la respecter [...] Les Algériens devraient avoir des visas d'une durée de cent trente-deux ans. »

eu lieu, que son pays était attaché à l'accord de 1968 et que les Algériens devaient bénéficier de ces avantages pendant cent trente-deux ans, soit autant que la durée de la colonisation française. Rarement à une contradiction près, il dit en même temps (interview dans le journal *L'Opinion*) que l'accord de 1968 est devenu une coquille vide et qu'il n'y a aucun intérêt pour les Algériens à le garder[1] !

Le gouvernement français avait donc enterré le dossier de la dénonciation de l'accord, mais face à la montée des critiques, la Première ministre d'alors, Mme Borne, en réponse à la résolution du groupe Les Républicains (LR) tendant à dénoncer ledit accord, a promis une renégociation du traité franco-algérien. Elle ne fit rien, et son successeur à Matignon apparemment oublia cette promesse. Le 26 février 2025, à l'issue du comité interministériel de contrôle de l'immigration, le Premier ministre, M. François Bayrou, a annoncé fixer un délai de quatre à six semaines pour renégocier ce traité bilatéral, faute de quoi il serait dénoncé. Mais le lendemain, à Porto, à l'issue de sa visite d'État au Portugal, le président Macron indiqua qu'il « ne dénoncerait pas de manière unilatérale l'accord de 1968 »,

1. Argument d'ailleurs repris dans le communiqué du ministère algérien des Affaires étrangères du 27 février 2025.

précisant même qu'il « avait engagé un travail avec le président Tebboune pour moderniser l'accord » ! Ah oui ? En tout état de cause, on peut penser que la question de l'immigration algérienne, donc celle de la validité de l'accord du 27 décembre 1968, reviendra dans le débat public jusqu'en 2027.

Pour ma part, après avoir tourné le problème dans tous les sens, j'en suis arrivé à la conclusion que la dénonciation, la remise en cause de l'accord de 1968, malgré ses révisions successives, constituait la seule solution. Il devrait être dénoncé pour les raisons mentionnées plus haut : privilèges et moyens pour les Algériens d'échapper aux lois françaises sur l'immigration sans que la France obtienne l'exécution des OQTF par les consulats algériens. La base des relations diplomatiques étant la réciprocité, le fait qu'Alger se dispense de remplir ses obligations juridiques et administratives nous libère des nôtres.

Comment procéder ? L'accord ne prévoit en effet pas de clause de dénonciation, ce qui fait dire à certains qu'on ne peut rien faire. C'est donc, par hypothèse, l'article 56[1] de la

1. « Article 56. Dénonciation ou retrait dans le cas d'un traité ne contenant pas de dispositions relatives à l'extinction,

convention de Vienne sur le droit des traités qui s'appliquerait. Cet article a codifié le droit international coutumier et prévoit une « dénonciation unilatérale s'il est établi qu'il entrait dans l'intention des parties d'admettre la possibilité d'une dénonciation ou si le droit de dénonciation peut être déduit de la nature du traité ». Il peut être soutenu que l'accord de 1968 n'a pas vocation à être perpétuel, comme peut l'être par exemple un traité de paix, et que l'immigration est bien un sujet qui peut évoluer dans le temps, les circonstances de 2025 étant différentes de celles de 1968. Enfin, l'article 12 de l'accord prévoit la mise en place d'une commission mixte pour « examiner les difficultés qui viendraient à surgir ». On peut imaginer que c'est en se référant à cette commission mixte que le Premier ministre a décidé d'ouvrir une « renégociation » dans un délai de six semaines.

à la dénonciation ou au retrait. 1. Un traité qui ne contient pas de dispositions relatives à son extinction et ne prévoit pas qu'on puisse le dénoncer ou s'en retirer ne peut faire l'objet d'une dénonciation ou d'un retrait, à moins : a) qu'il ne soit établi qu'il entrait dans l'intention des parties d'admettre la possibilité d'une dénonciation ou d'un retrait ; ou b) que le droit de dénonciation ou de retrait ne puisse être déduit de la nature du traité. 2. Une partie doit notifier au moins douze mois à l'avance son intention de dénoncer un traité ou de s'en retirer conformément aux dispositions du paragraphe 1. »

En outre, la dénonciation de l'accord de 1968 ne devrait pas avoir pour effet de rétablir les dispositions antérieures des accords d'Évian, plus favorables, ayant le même objet, celles-ci pouvant être considérées comme ayant été implicitement abrogées par l'accord en question. Tactiquement, nous pourrions en fait demander une renégociation « sérieuse » de l'accord de 1968, négociation assortie d'un délai, au terme duquel, si rien n'aboutit, la dénonciation s'ensuivrait.

Quelles seraient alors les conséquences d'une dénonciation de l'accord de 1968 ?

Le ministre de l'Intérieur précédent, Gérald Darmanin, a indiqué devant la commission des lois de l'Assemblée nationale que la conséquence d'une telle dénonciation serait le retour au régime de libre circulation, prévu à Évian.

C'est une interprétation erronée, de mon point de vue. Et cet argument (le retour « à Évian ») est depuis lors systématiquement utilisé par ceux qui ne veulent rien faire dans ce domaine et qui privilégient le *statu quo*. Il est facile de dire : « Attention ! si nous mettons fin à l'accord de 1968, nous aurons bien pire, c'est-à-dire la libre circulation des Algériens vers la France. » Et, partant, le gouvernement tire argument de ce prétexte pour effectivement ne rien faire. Il faut de ce point de vue noter que la libre circulation, si elle venait à être rétablie, signifierait en sens inverse que, par exemple, journalistes, organisations non gouvernementales défendant les droits de l'homme, avocats comme Me Zimeray, défenseur de Boualem Sansal, pourraient se rendre à Alger, sans visa et sans être invités. Je ne pense pas qu'Alger accepterait ces conséquences d'une libre circulation !

Or, l'interprétation donnée par nombre de juristes est que, précisément, l'accord franco-algérien de 1968 a abrogé les dispositions des accords d'Évian concernant la circulation des personnes. L'application de l'article 59 de la convention de Vienne, en vertu duquel un traité postérieur abroge un traité antérieur dès lors qu'il traite de la même matière, s'appliquerait[1]. L'accord de 1968 n'est pas considéré comme complétant les accords d'Évian, mais

1. « Article 59. Extinction d'un traité ou suspension de son application implicites du fait de la conclusion d'un traité postérieur. 1. Un traité est considéré comme ayant pris fin lorsque toutes les parties à ce traité concluent ultérieurement un traité portant sur la même matière et : a) s'il ressort du traité postérieur ou s'il est par ailleurs établi que selon l'intention des parties la matière doit être régie par ce traité ; ou b) si les dispositions du traité postérieur sont incompatibles avec celles du traité antérieur à tel point qu'il est impossible d'appliquer les deux traités en même temps. 2. Le traité antérieur est considéré comme étant seulement

bien comme se substituant à eux, car plus restrictif, le principe de liberté totale de circulation et d'installation inscrit dans les accords d'Évian étant considéré comme incompatible avec les dispositions de l'accord de 1968 et de ses avenants.

De ce fait, la partie des accords d'Évian étant abrogée pour ce qui concerne l'immigration, l'abrogation de l'accord du 27 décembre 1968 ne fera que faire entrer les Algériens dans le droit commun, puisque la libre circulation créée par les accords d'Évian aura été abrogée *de facto* par l'accord de 1968[1].

On le voit, la question migratoire et particulièrement celle de l'application de l'accord franco-algérien de 1968 sont revenues en force sur le devant de la scène depuis l'affaire Boualem Sansal et depuis le débat ouvert par l'arrestation des différents « influenceurs » algériens. Il y a tout lieu de penser que ce débat perdurera jusqu'en 2027...

---

suspendu s'il ressort du traité postérieur ou s'il est par ailleurs établi que telle était l'intention des parties. »

1. Voir à ce sujet le rapport de la mission d'information sénatoriale déposé le 5 février 2025, *Les Instruments migratoires internationaux : mettre fin à la cacophonie – 18 recommandations pour une politique migratoire internationale plus cohérente.*

9

Qui tient qui ?

On entend dire, ou on lit souvent, qu'en fait, face à l'Algérie, la France ne disposerait d'aucun levier, d'aucun moyen de rétorsion, et que, tout compte fait, elle serait condamnée à ne rien pouvoir faire, face à une Algérie qui, elle, détiendrait l'arme de l'immigration et saurait en jouer comme le Maroc l'a fait avec l'Espagne. Dans ce débat, la question doit donc être posée des « leviers » que, dans la crise actuelle, chaque pays détient face à l'autre. Dans le fond, la question est « qui tient qui dans ce débat » ?

Essayons d'analyser ces différents aspects.

L'arme de l'immigration

L'Algérie détient effectivement, on l'a vu, l'arme absolue de l'immigration ; arme massive, arme de dissuasion en quelque sorte :

immigration déjà installée sur le territoire français, immigration à venir, immigration irrégulière encouragée en sous-main par Alger.

En réalité, on pourrait répartir les « menaces » algériennes en plusieurs catégories.

Il y a, d'abord, dans le registre classique, l'information, ou plutôt, la désinformation : une presse algérienne aux ordres, domestiquée, qui aboie en permanence contre la France présentée comme « aux mains de l'extrême droite, algérophobe et islamophobe ». La caricature des faits et le mensonge n'effraient nullement cette presse. On l'a vu lorsqu'en janvier 2025 un incident banal à l'aéroport de Roissy, occasionnant une attente aux contrôles de la PAF, fut présenté par les médias algériens comme un « déshonneur » français, un « traitement inhumain » des Algériens qui entrent légalement en France. Cette présentation valut le 28 janvier à l'ambassadeur de France à Alger d'être convoqué par le ministre des Affaires étrangères pour exiger des explications. À partir de là, l'APS (Algérie Presse Service), l'agence d'information officielle plus proche de l'agence Tass que de l'AFP, publia dépêche sur dépêche, présentant les faits à sa manière. Les réseaux sociaux reprirent évidemment ces pseudo-informations, et la toile en France, comme en Algérie, s'enflamma. Les « influenceurs » relancèrent l'information. Au même moment, les journaux algériens s'indignèrent lorsque, dans une interview au *Figaro*, le 1er février, je rappelai que « le visa n'est pas un droit et que des contrôles peuvent être opérés en France par la PAF ». Vérité en deçà des Pyrénées, erreur au-delà...

Alger peut évidemment aussi actionner ses réseaux installés en France, associations, élus, parlementaires et journalistes amis, grande mosquée de Paris.

Mais, dans ce bras de fer, l'arme la plus efficace reste celle de la délivrance des laissez-passer consulaires, et plus généralement des retours en Algérie : le ministre de l'Intérieur l'a expérimenté à ses frais lorsqu'en janvier le dénommé Doualemn, pourtant titulaire d'un passeport algérien, se vit refoulé par la PAF algérienne au mépris des règlements internationaux et des conventions aériennes. La délivrance, au rythme de l'humeur du jour, selon les décisions aléatoires des consuls, des documents nécessaires à l'exécution des OQTF, constitue en effet l'arme de dissuasion : pas de laissez-passer consulaires, pas de retours en Algérie. Dans un contexte politique français devenu, ces dernières années, éruptif sur cette question, il s'agit bien sûr d'un levier puissant. L'opinion publique française a beau s'indigner, il est clair qu'une reconduite à la frontière ou une expulsion[1] d'un étranger indésirable ne peuvent être exécutées sans une aide *a minima* des consulats étrangers, qu'ils soient marocains, algériens ou autres. Les vingt consulats algériens en France doivent notamment, aux termes d'un échange de lettres[2] de 1994 non publié, coopérer avec les autorités de police françaises, afin de faciliter le retour de leurs nationaux en Algérie. On voit bien qu'aujourd'hui, dans le contexte tendu des relations bilatérales, Alger utilise à plein ce levier migratoire.

Les autres mesures – arme économique, fourniture de gaz – sont relativement marginales, soit que la France soit assez peu dépendante de l'Algérie, comme pour le gaz, soit qu'Alger ait déjà, et depuis un certain temps, écarté les entreprises françaises. Mais, à moyen et long terme, le levier que constituerait la mise

1. Les médias emploient indifféremment les expressions « reconduite » ou « expulsion ». Les mots recouvrent deux réalités différentes : la reconduite à la frontière est le fait de renvoyer dans son pays un étranger qui se trouve en situation irrégulière sur le territoire français soit parce que son visa a expiré, soit parce qu'il est entré en France sans visa, soit parce que sa demande de titre de séjour a été rejetée. L'expulsion est le renvoi d'un étranger en situation régulière, mais qui, ayant commis un crime ou un délit, est renvoyé dans son pays.

2. Un « échange de lettres » en droit international est moins formel qu'un accord ou un traité, mais emporte quasiment les mêmes conséquences au plan juridique. Il peut être signé par les ministres.

à l'écart de la France sur le plan économique, et surtout culturel et linguistique, produira ses effets : l'interdiction de l'usage du français dans l'administration, celle de l'enseignement des programmes scolaires en français, le remplacement programmé du français par l'anglais, produiront à terme, dans moins d'une génération, des effets majeurs. On peut penser que, quelle que soit l'évolution des relations franco-algériennes, l'Algérie, par ressentiment politique, aurait probablement pris ces décisions. Je l'ai souvent dit, il y a aujourd'hui un agenda commun entre l'armée algérienne et les islamistes : tous deux, bien que s'étant combattus pendant la guerre civile, désirent aujourd'hui éradiquer l'influence économique et culturelle de l'ancien colonisateur. C'est un fait dont nous devons être conscients.

Les leviers français sur l'Algérie

Du côté français, nous disposons, contrairement à ce qui est dit, d'un certain nombre de leviers sur l'Algérie. Mais il faut évidemment que le pouvoir politique veuille les utiliser.

Il faut distinguer les mesures immédiates des mesures à long terme.

Les mesures immédiates

Parmi les mesures immédiates, il importe d'envoyer des signaux à Alger : nous avons jusqu'à présent envoyé uniquement des « signaux faibles », ceux qui laissent croire à Alger qu'en raison de notre « bienveillance spontanée » le régime peut continuer à se moquer de la France. Nous avons surtout envoyé des messages contradictoires, en affichant par exemple les divergences entre les « doutes » de M. Barrot et la fermeté du ministre de l'Intérieur, et en autorisant les voyages au Sahara occidental de personnalités politiques comme la ministre de la Culture. Il faut faire comprendre qu'existe une limite à notre patience. Nous pourrions ainsi, rapidement, mettre en œuvre trois mesures.

Jouer évidemment sur les visas est la mesure à laquelle on songe spontanément. Nous délivrons aujourd'hui environ 250 000 visas par an aux Algériens, et il est possible de les réduire de 50 % sans difficulté, comme je l'ai expérimenté moi-même étant ambassadeur à Alger[1]. Mais,

1. Lorsque je quittai l'Algérie en 2012, les trois consulats délivraient environ 200 000 visas chaque année. En 2017, c'étaient 413 000 visas par an. Pour les visas étudiants, nous en étions à plus de 15 000 par an. J'ai donc, dès septembre 2017, posé la

pour mener à bien ce plan, il faut réunir trois conditions : d'abord garder le cap pendant longtemps et ne pas se laisser intimider par les protestations de toutes sortes, algériennes ou françaises, ce qui ne fut pas le cas en 2021 lorsque, au bout de deux mois, le ministre de l'Intérieur fit marche arrière ; ensuite, mener cette politique sans le clamer haut et fort pour privilégier l'effet d'annonce (« le faire sans le dire » en quelque sorte) ; alors que M. Darmanin, en 2021, a fait l'inverse – en annonçant une réduction de 50 % du nombre de visas délivrés, il irrita ainsi fortement Alger et dut finalement, après deux mois seulement, faire marche arrière. Il faut maintenir une forme « d'ambiguïté stratégique », comme dans la stratégie nucléaire. La troisième condition, idéalement, serait de modifier le traité de Schengen afin de maintenir

---

question aux deux ministres, des Affaires étrangères et de l'Intérieur, pour connaître leurs instructions : fallait-il poursuivre ce qui avait été fait ces derniers temps, et par exemple passer de 413 000 à 800 000 visas au cours des prochaines années et atteindre ensuite le million ? Fallait-il au contraire revenir à un flux de 200 000 ? Fallait-il réduire le taux de visas de circulation ? les visas étudiants ? Nous passâmes ainsi en une seule année de 413 000 visas délivrés à 279 000, ce qui fait une diminution considérable ; le taux de refus passa de 35 à près de 50 %, les visas étudiants diminuèrent de 9 300 à 5 800, les visas de circulation de cinq ans furent limités à un ou deux ans, et leur pourcentage dans l'ensemble des visas passa de 45 à 29 %.

la libre circulation aux seuls ressortissants des pays européens, pour empêcher qu'un visa allemand ou espagnol délivré par les consulats d'Allemagne ou d'Espagne à Alger devienne un « visa Schengen », donc valable pour la France. L'arme des visas est l'arme la plus classique à laquelle tous les hommes politiques pensent spontanément.

En admettant que le flux de visas reste élevé, il est également envisageable que la PAF, dans les aéroports, bloque l'entrée sur le territoire de ressortissants algériens déjà pourvus d'un visa, car, on l'oublie souvent, celui-ci ne signifie pas droit d'entrée sur le territoire. De même que la PAF algérienne a bloqué l'entrée sur son territoire de deux ressortissants algériens (contrairement aux règles internationales puisque les intéressés n'étaient qu'Algériens), la PAF française a toute latitude pour demander aux titulaires d'un passeport algérien, diplomatique ou non, et d'un visa Schengen, de fournir tous les justificatifs exigés lors du dépôt du dossier : preuve de l'hébergement en France, justification des ressources en devises, etc., et de renvoyer en Algérie les passagers incapables de fournir les éléments demandés. La PAF étant sous la seule autorité du ministre de l'Intérieur, une instruction du seul ministre suffirait. L'entrée sur le territoire français reste un acte de souveraineté, on l'oublie souvent.

À court terme également, le gouvernement pourrait dénoncer sans difficulté l'échange de lettres d'avril 2007 exemptant de visas les titulaires algériens de passeports diplomatiques, et même procéder, dans l'attente, à des contrôles à l'égard des titulaires de tels passeports. Rien n'empêche là encore le ministre des Affaires étrangères de procéder à la dénonciation de cet échange de lettres[1] : une telle dénonciation d'un accord – qui profite surtout à la nomenklatura algérienne – dépend du Quai d'Orsay, et est juridiquement plus simple que la dénonciation d'un traité international. Le ministre des Affaires étrangères a-t-il la volonté de le faire ?

Nous pourrions également fermer plusieurs consulats algériens en France, celui de Strasbourg dont on apprend qu'il a refusé la délivrance d'un laissez-passer consulaire à quatorze reprises pour l'assassin de Mulhouse. Des mesures peuvent facilement être envisagées

1. L'échange de lettres franco-algérien de 2007 sur les passeports diplomatiques peut être dénoncé avec un préavis de trois mois, et même sans préavis en cas d'urgence.

à l'encontre d'Air Algérie, qui refuse d'embarquer les Algériens sous OQTF.

Les autres mesures

Enfin, dans l'immédiat, la France peut aussi peser auprès de la Commission européenne pour bloquer la révision de l'accord d'association Union européenne-Algérie, révision à laquelle le gouvernement algérien tient tout particulièrement.

On peut aussi penser à d'autres mesures que j'ai déjà mentionnées par ailleurs : le refus d'inscrire les enfants de la nomenklatura algérienne au lycée français d'Alger, ce qui empêcherait ladite progéniture de passer ensuite le baccalauréat français et, partant, de faire des études supérieures en France. On pourrait également, dans un esprit de réciprocité, imposer aux diplomates algériens en France (de l'ambassade et des consulats) la nécessité, comme eux-mêmes le font à Alger à l'encontre des diplomates français, de demander une semaine à l'avance une autorisation de quitter la ville où ils résident. Petite mesquinerie efficace… au nom de leur sécurité évidemment ! Il est également possible d'effectuer des contrôles ciblés sur des dirigeants ou des notables algériens installés en France : contrôles fiscaux ou financiers, vérification de l'origine des fonds pour un achat immobilier, etc. Le président du Conseil de la nation (Sénat algérien), le chef d'état-major de l'armée, de nombreux ministres ont en effet leurs enfants en France. Rien n'est donc plus simple.

À moyen ou long terme, la dénonciation ou l'abrogation de l'accord du 27 décembre 1968 sur l'installation des Algériens en France est, je l'ai dit, parfaitement envisageable. Une telle dénonciation serait certainement vue à Alger comme « l'arme atomique ». Toute la classe politique française, depuis le ralliement à cette idée en début d'année 2025 de l'ancien Premier ministre Gabriel Attal, à l'exception de Jean-Luc Mélenchon et de ses amis, est désormais en faveur de l'abrogation d'un texte qui n'a plus de raison d'être en 2025. Il faut donc y songer. Le Premier ministre l'a annoncé le 27 février.

De même, la remise à plat de la convention de sécurité sociale du 1er octobre 1980, ainsi que des textes correspondants, devrait être envisagée, dans la mesure où, combinée à l'accord de 1968, elle confère des droits importants, exceptionnels, aux Algériens, droits équivalents à ceux des ressortissants européens.

Évidemment, le contrôle des flux financiers de la grande mosquée de Paris s'impose après la publication de l'article du journal *L'Opinion* détaillant les circuits financiers opaques entourant la certification halal qu'elle opère soi-disant. Une enquête confiée à l'Inspection générale des finances ou un contrôle effectué par Tracfin n'auraient rien d'exceptionnel.

On le voit donc : il y a une gamme de mesures concernant l'Algérie, et la France n'est pas démunie. D'autant plus que les flux financiers, tout comme le soutien logistique, bancaire ou technologique français dans les transactions commerciales et financières avec l'Algérie, ne sont pas négligeables. Dans ce domaine, à l'instar de la stratégie nucléaire ou militaire, nos dirigeants pourraient utiliser la « riposte graduée », et monter progressivement en gamme dans nos réactions. L'Algérie ne comprend en effet que le rapport de force, mais il faut vouloir l'utiliser.

Conclusion

Et maintenant, comment refonder la relation ?

Comment refonder la relation avec l'Algérie ? C'est, au-delà des péripéties dramatiques actuelles, en particulier de la détention de Boualem Sansal, la question de fond. Comment se fait-il que, plus de soixante ans après l'indépendance, nous vivions toujours dans cette relation quasi schizophrénique avec l'Algérie ?

J'ai tenté de montrer que, depuis 1962, la France et l'Algérie entretiennent, comme à la bourse, une relation dans laquelle les périodes haussières alternent avec les périodes baissières. Nous devrons tôt ou tard sortir de cette impasse : soixante ans, c'est largement l'âge adulte, et il faut regarder sereinement les choses en face. Sur le court terme, malheureusement, et, je le crains, jusqu'en 2027, les choses ne s'arrangeront pas : il est probable, vu l'état d'esprit des autorités d'Alger, que la crise perdurera, avec le risque d'une escalade, voire d'une rupture des relations diplomatiques.

Au-delà, nous devrions définir nos objectifs, les conditions de cette refondation, notre méthode et nos moyens.

Définir les objectifs

L'objectif de cette nouvelle politique à l'égard d'Alger devrait être, me semble-t-il, de normaliser la relation. Normaliser, c'est-à-dire passer d'une relation qui s'est voulue exceptionnelle (le fameux « partenariat d'exception ») à une relation normale, ce qui ne veut pas forcément dire banale. Cette relation normale n'a en fait jamais existé depuis 1962. J'en ai expliqué les raisons, largement historiques et parfois « morales », qui nous ont amenés à regarder le partenaire algérien comme un objet de remords. Nous pourrions quasiment dire avec Victor Hugo, à propos de l'Algérie : « Et l'œil [algérien] était dans la tombe et regardait Caïn. » Nous n'avons jamais réussi à chasser ce sentiment de culpabilité, ces remords qui nous poursuivent. Aujourd'hui, en 2025, il est temps, selon la formule du général de Gaulle, de « tourner la page » et de passer à autre chose.

Les deux conditions

Pour atteindre cet objectif, il faut remplir deux conditions.

La première est de parvenir à séparer les aspects de politique intérieure et ceux de politique étrangère. C'est ce mélange des genres qui nous a empêchés d'être lucides depuis 1962. De fait, nous devrions ne traiter l'Algérie qu'à travers la politique étrangère, cesser de considérer qu'elle fait partie de notre politique intérieure ; avoir sur elle un regard objectif, clinique, moins passionné ; parvenir à traiter l'Algérie comme nous traitons l'Allemagne, l'Australie ou l'Argentine… avec probablement un petit quelque chose en plus malgré tout. Alger, je l'ai montré, profite de cette confusion des genres, et sait parfaitement jouer de l'aspect « intérieur » de la « question algérienne ».

La seconde condition est de distinguer les Algériens de l'Algérie, distinguer le peuple et le « système ». Notre relation, nos liens, notre histoire également, se sont créés avec le peuple, avec ceux qui nous ont combattus hier et qui construisent l'Algérie de demain, et non avec la classe politique, par définition temporaire, qui accapare le pouvoir depuis 1962 en affirmant représenter le peuple. La question ultime est de savoir si les citoyens algériens pensent être représentés par ce « système » dont la seule légitimité est de se prétendre l'héritier des combattants de l'indépendance. Longtemps j'ai pensé, dans mes fonctions à Alger, que le pouvoir algérien était, et devait rester, notre seul interlocuteur. Le Hirak a montré le divorce qui existe entre les deux entités, peuple et « système » ; plus encore, la confiscation du Hirak par le pouvoir militaire et la reconstitution du « système » dans sa pureté originelle ont montré que nous faisions fausse route. Si nous n'avons véritablement manifesté « ni indifférence, ni ingérence » pendant le Hirak, c'est que le sort de l'Algérie, dans le fond, nous était indifférent. Mais justement, nous avions toujours montré depuis 1962 que le sort de ce pays ne nous était absolument pas étranger, et au contraire qu'il nous importait au premier plan. Réflexion faite, nous n'avons pas gagné grand-chose dans ce partenariat exclusif avec l'Algérie officielle, celle du pouvoir : ni véritable coopération sur les grands dossiers, ni parts de marché supplémentaires, ni aide des consulats algériens sur les questions migratoires, ni solutions aux multiples difficultés quotidiennes que rencontrent les Français d'Algérie, ni contreparties en échange des nombreux visas que la France délivre, ni sans doute, ajouterais-je, l'estime du pays et de ses dirigeants. Qu'avons-nous donc gagné à délivrer des titres de séjour à de nombreux VIP algériens sans compensations, sauf à être humiliés et à nous faire claquer la porte au nez ? Nous croyons encore trop aujourd'hui qu'Alger, sensible à nos sourires et à nos paroles aimables, nous aidera et nous « renverra l'ascenseur », alors que son objectif véritable, on le voit clairement dans la crise actuelle, est d'humilier l'ancien colonisateur et son président.

Il faut donc parvenir à cette double séparation mentale chez nos hommes politiques, séparation entre la politique étrangère et la politique intérieure, distinction entre le « système » et le peuple algériens. C'est une véritable révolution culturelle que nous devons faire. Nous devons aussi la faire pour les très nombreux Algériens qui vivent paisiblement en France.

La méthode

Comment procéder ? Pendant soixante-trois ans, le pouvoir algérien n'a vu que bienveillance, complaisance et naïveté de la part de la France. Il est donc fondé à croire que cela durera.

La première démarche à entreprendre est de changer la donne et d'établir un rapport de force, ou, si l'on préfère, une forme de réciprocité nécessaire. Il faut commencer par utiliser les leviers dont nous disposons : échange de lettres de 2007, accord de 1968, négociation avec l'Union européenne, arme des visas, contrôles fiscaux ciblés contre des VIP algériens, contrôle de la grande mosquée de Paris, etc.

Une fois cela fait, il restera à normaliser nos relations, retrouver l'équilibre entre l'Algérie et le Maroc, soutenir Alger quand il le faut sans forcément épouser tous ses souhaits, aider Rabat quand cela est nécessaire. Cela suppose que nous sortions du tête-à-tête dans lequel Alger nous a enfermés et dans lequel nous sommes tombés et dont nous ne parvenons pas à nous extraire. Sortir du piège, après avoir fait le pari algérien, passera peut-être aussi par un élargissement de nos relations avec le Maghreb. Je ne crois absolument pas à une relation entre le Maghreb et l'Union européenne. Cette dernière ne s'intéresse, surtout aujourd'hui, qu'à sa frontière à l'est, elle ne regarde ni ne comprend que sa sécurité passe également par son « flanc sud ». J'ai pu en effet constater dans mes fonctions, que l'Union n'a ni la connaissance ni la profondeur historique de l'Algérie. En quoi l'Algérie importe-t-elle au Danemark, à l'Estonie, à la République tchèque ? Pour eux, c'est un bout d'Afrique qui intéresse la France. Quel intérêt autre que commercial ont ces pays avec l'Algérie ? Quelle connaissance du passé ont-ils, et quelle connaissance du double déni français peuvent-ils avoir ? Ils attendent que la France donne le ton à la relation avec Alger : en cela notre angélisme actuel est pour eux déroutant.

Si j'écarte l'Union européenne, je pense que le bon format d'une relation avec le Maghreb serait un format « 3 + 3 », réunissant l'Italie, l'Espagne et la France d'un côté, face aux trois États du Maghreb – Maroc, Algérie, Tunisie – de l'autre. Ces six pays ont à traiter les mêmes problèmes, relever les mêmes défis : sécurité en Méditerranée, immigration, développement économique, Sahel. L'immigration, particulièrement subsaharienne, concerne aujourd'hui autant le Maghreb que les Européens. L'Espagne et l'Italie ont toujours eu des relations privilégiées, avec le Maroc pour l'Espagne, avec la Tunisie s'agissant de l'Italie. Ce n'est pas dans l'intérêt de leurs gouvernements de fermer les yeux sur les difficultés françaises avec Alger : ils peuvent profiter à court terme de nos problèmes, comme ils le font habilement aujourd'hui, mais ils rencontreront tôt ou tard les mêmes difficultés. Un format de type « 3 + 3 », certes difficile à imaginer et encore plus à mettre en œuvre, en l'état actuel des choses, aurait également l'avantage de mettre autour d'une même table Maroc et Algérie. Tout cela, certes, prendra du temps, mais c'est bien ceci, le temps long, qui fait le travail des diplomates.

Une normalisation de notre relation avec Alger passe aussi par une volonté d'ouverture de l'Algérie, notamment au tourisme. Le tourisme permettrait à l'Algérie – qui recèle des trésors architecturaux comme des paysages exceptionnels – de connaître et de s'ouvrir aux populations européennes notamment. Le développement du tourisme familiariserait les Algériens avec d'autres cultures. J'ai fait part, un jour, au président Bouteflika de mon interrogation à ce propos. Pourquoi, lui ai-je fait remarquer, à partir du printemps, chaque année, les transports parisiens regorgent-ils d'affiches faisant la promotion d'un séjour à Marrakech, Agadir ou Hammamet, alors que jamais je n'ai vu d'affiches vantant les charmes de Ghardaïa ou la beauté sauvage du Hoggar ? Le président a paru étonné par ma question et me demanda de lui faire des suggestions à ce sujet.

Il n'y a pas de miracle à attendre de l'Algérie. On entend parfois dire que c'est simplement une question de génération, une simple question de transition. Or, nous sommes aujourd'hui entrés dans cette période de transition, en Algérie bien sûr, en France également, avec, pour la première fois, des dirigeants politiques qui n'ont pas connu la guerre d'Algérie. Cette guerre, elle appartient pour les nouveaux dirigeants à l'histoire, non à la mémoire. Cette période de transition est aussi une fin de cycle, parce que les autorités algériennes se débarrassent des pesanteurs francophiles que l'opinion algérienne attribuait à Bouteflika, autorités de plus en plus façonnées et formatées par une armée fondamentalement antifrançaise et de plus en plus arabophone.

À Alger, les derniers combattants de la guerre d'indépendance auront disparu d'ici quelques années, et déjà ceux qui sont au pouvoir aujourd'hui n'ont pas la légitimité historique de leurs aînés des années soixante-dix et quatre-vingt jusqu'à Bouteflika. Dépourvus de cette légitimité, ils sont donc obligés d'en rajouter et d'être plus royalistes que le roi. Le peuple algérien a d'ailleurs créé un mot-valise, *Ketboune*, à partir du mot « mensonge » en dialecte local, *kethib*, et du patronyme présidentiel, *Tebboune*. Comme si le mensonge était au pouvoir ! Plus que jamais, notre relation avec l'Algérie doit donc être fondée sur cette distinction entre le régime, le « système » et le peuple. Le système n'est pas le peuple, il ne sera pas éternel. Il faut se rappeler que, pendant les manifestations du Hirak, en 2019-2020, les marcheurs brandissaient les portraits des fondateurs du FLN, les révolutionnaires de 1954, comme pour réclamer enfin l'indépendance, confisquée par les dirigeants qui se sont succédé au pouvoir depuis 1962. En France, nous devrions méditer sur ces images.

Il est temps aujourd'hui de regarder lucidement les choses en face, de renoncer à l'angélisme qui a présidé depuis soixante-trois ans à nos relations avec l'Algérie, de défendre nos intérêts nationaux, comme le fait de manière implacable, sans états d'âme, l'Algérie. À Alger, on comprendrait certainement un nouveau discours français plus viril et moins pleurnichard, et on s'étonne même qu'il n'ait pas été prononcé plus tôt, car la règle d'or de la diplomatie est bien la réciprocité. Ils le savent. Nombreux seraient ceux qui, à Alger, se réjouiraient d'entendre des paroles fermes et applaudiraient en voyant enfin la France ne plus se laisser intimider ou manipuler par un pouvoir prédateur. Quand je reçois (discrètement), de représentants de l'État profond algérien, des messages d'encouragement, je me dis qu'il est encore temps d'agir... Nous devons aussi nous appuyer en France sur la partie éclairée de la diaspora algérienne. Il faut éviter de nous concentrer sur les « angéliques », ceux qui font croire qu'au nom de l'histoire il faudrait tout céder à l'Algérie ; il faut aussi ne pas surestimer ceux qui sont parfois surnommés les « racailles », qui détruisent l'image de l'Algérie et qui peuplent nos banlieues. Il faut valoriser ceux qui sont venus parce qu'ils étouffaient en Algérie et qui veulent, avec nous, construire une nouvelle relation, et refonder celle-ci sans se laisser instrumentaliser ou manipuler par le « système » algérien qu'ils connaissent, et en général détestent, parce qu'il n'a pas respecté le « pacte fondateur » de l'indépendance algérienne. Ces médecins, ingénieurs, informaticiens, cadres, etc., peuvent et doivent être des ponts entre les deux pays. Mais le « système », implacable, les menace, et fait peur à leurs familles restées de l'autre côté...

Comme me le disait joliment l'un d'entre eux, représentatif de cette mentalité, en commentant les imprécations récentes du président algérien qui réclamait que la France, après avoir élevé une statue de l'émir Abd el-Kader, restitue à l'Algérie le burnous de l'émir : « Si le système algérien était plus subtil, il devrait rapatrier aujourd'hui la pensée de l'émir plutôt que son burnous »...

Épilogue

Au moment où je termine ces lignes, Boualem Sansal, privé d'avocat, est condamné à une peine de cinq ans de prison au terme d'un procès stalinien au cours duquel il a été accusé d'atteinte à la « souveraineté économique » de l'Algérie (pour avoir échangé avec moi, sur la messagerie WhatsApp, une plaisanterie concernant l'échec de l'Algérie à être admise au sein des BRICS) et d'« insulte à l'armée » (en raison d'un message daté du 12 septembre 2024 dans lequel l'écrivain disait le bonheur des Algériens d'avoir du pétrole et le général Chengriha).

Procès inique, honteux, « affaire Dreyfus de l'Algérie », selon Élisabeth Badinter, cette parodie de justice illustre non seulement les méthodes du système algérien, mais sans doute aussi la « clairvoyance » de Tebboune, comme l'a dit le président Macron.

On ne sait pas ce qui va désormais se passer, mais il est probable que Paris « négocie », c'est-à-dire lâche aux Algériens ce qu'ils exigeront en compensation d'une éventuelle grâce accordée par leur président.

Cette « affaire Sansal » aura ainsi été, de bout en bout, un fiasco diplomatique depuis la reconnaissance en juillet 2024 du Sahara marocain jusqu'à la condamnation, le 27 mars 2025, de l'écrivain franco-algérien. Un fiasco révélateur de notre aveuglement.

Table

1. France-Algérie, une relation
dès l'origine complexe,
devenue toxique 13

2. Une brève histoire des relations
France-Algérie 39

3. Sortir du piège algérien
et de l'impasse marocaine...................... 53

4. Un adultère consanguin,
la relation Algérie-Maroc 59

5. Le double aveuglement français.............. 75

6. La double fragilité algérienne.................. 99

7. Les réseaux algériens en France.............. 127

8. Le nouveau débat
sur l'immigration algérienne.................. 149

9. Qui tient qui ? 165

Conclusion. Et maintenant, comment refonder la relation ? 177

Épilogue 189

Composition et mise en pages
Nord Compo à Villeneuve-d'Ascq

CET OUVRAGE
A ÉTÉ ACHEVÉ D'IMPRIMER
SUR ROTO-PAGE
PAR L'IMPRIMERIE FLOCH À MAYENNE
EN AVRIL 2025

N° dv'impression : 106892
Imprimé en France